华与华方法

企业经营少走弯路、少犯错误的九大原理

华杉 华楠 著

文汇出版社

图书在版编目（CIP）数据

华与华方法 / 华杉，华楠著. -- 上海：文汇出版社，2020.7
 ISBN 978-7-5496-3155-1

Ⅰ. ①华… Ⅱ. ①华… ②华… Ⅲ. ①市场营销学－咨询服务 Ⅳ. ①F713.50

中国版本图书馆CIP数据核字(2020)第054332号

华与华方法

作　　者 / 华杉　华楠
责任编辑 / 徐曙蕾
特邀编辑 / 洪刚　敖冬
封面装帧 / 王国任　吴琪

出版发行 / 文汇出版社
　　　　　　上海市威海路755号
　　　　　　（邮政编码200041）
经　　销 / 全国新华书店
印刷装订 / 北京中科印刷有限公司
版　　次 / 2020年7月第1版
印　　次 / 2020年7月第1次印刷
开　　本 / 880mm×1230mm　1/32
字　　数 / 154千字
印　　张 / 8.5

ISBN 978-7-5496-3155-1
定　　价 / 68.00元

侵权必究
装订质量问题，请致电010-87681002（免费更换，邮寄到付）

目 录

序 言 兄弟当如华与华　　　　　　　　　　　　I

企业三大原理

企业第一原理：科斯的交易成本原理　　　　　007

企业第二原理：德鲁克的社会职能原理　　　　013

企业第三原理：熊彼特的创新利润原理　　　　036

品牌三大原理

品牌第一原理：社会监督原理　　　　　　　　093

品牌第二原理：品牌成本原理　　　　　　　　102

品牌第三原理：品牌资产原理　　　　　　　　133

传播三大原理

传播第一原理：刺激反射原理　　　　　　　　171

传播第二原理：播传原理　　　　　　　　　　185

传播第三原理：信号能量原理　　　　　　　　198

后 记 找到四个痛点，学做"圣人公司"　　　226

华与华图片史　　　　　　　　　　　　　　　235

序 言
兄弟当如华与华

华与华营销咨询有限公司总经理 肖征

我从2000年6月20日开始跟随华杉先生工作,并且成为华与华公司最老的员工。在公司里,因为有两位"华总",同事们亲切地称华杉为"华板"——"华老板"的简称;华楠因为长得帅,被大家称呼为"楠神",这就是我们的两位老板。

华杉、华楠兄弟于2002年一起创办了华与华,2006年华楠又创办了读客文化,是目前中国最大的民营出版商之一。两兄弟共同拥有这两家公司,又各管一摊,各自在广告和出版两个领域成为行业翘楚。

华板和楠神是风格迥异的两位老板。华板严谨自律,手不释卷,待人处事一身浩然正气,对原则有雷打不动的坚持,在专业上处处流露出一代宗师的远见和风范。楠神敏锐深邃,随性洒脱,喜欢和同事喝酒聊天,楠神酒后一开口就才思飞溅,就有同事开始录音,随后录音会在公司流传。

回忆起20年前初见华板的场景。那时的公司正在调换各部门的办公室,我这个新来的和另外两位同事一起被安置在一个十几平方米的房间。进去里面,从天到地的书架,放满从天到地的书,我有些蒙,以为自己进了公司的图书室,同事接话说:"这里之前是华总的办公室,他每周都会读完至少三本书,这些都是他近两年读完的书。"

就这样我从同事的介绍里了认识了华板,留下了第一个深刻的印象。之后20年和他的接触更让我为之折服,他是极其勤奋自律的老板!在对自己的时间管理上,下日日不断、水滴石穿之功。每天早上5点就起床在家写作,不管是出差还是休假,一年365天从不间断。多年积累下来,他出版了大批关于中国历史智慧的著作,是销量过百万册的畅销书作家。早上8:30,他就已经到了办公室。他的写作量超过了职业作家,但是一点也不耽误他经营公司。晚上则从不应酬,甚至也很少跟客户吃饭,22点以前就上床睡觉了。而在公司经营和项目策划上,则历来是深谋远虑,算无遗策,滴水不漏。"不败兵法"是他的座右铭,任何事情不求胜,求不败,一生不败。

楠神是思想之神和创意天才。

早期华与华开创意会的时候,华板总是拿着笔在黑板前,让每个人说自己的想法,包括他自己。最后华板会把自己跟同事们说的想法集结在黑板上。楠神呢，常常在前半场一言不发，脚跷在旁边另一张椅子上，身体半蜷在椅子上靠着，脸色阴沉，像只病猫，然后突然站起来，双手揪住自己的头发，我们就知道，创意会要结束了。楠神一开口，一语中的，箭正中靶心，结束战斗。

刚创办华与华的时候华楠被同事们称为华导，因为他对广告创意的执行要求极苛刻，以至于有一阵子没有合适的广告导演能满足他的要求，他只好自己做导演。同事们也就拿"滑倒"的谐音来称呼华楠。以前我一直很好奇，这样的创意天才是怎么练就的呢？他给我讲了两个他的方法：一个方法是找参考。为了拍好一个广告片的镜头，他可以找来所有关于这类镜头的广告录像带，看了一遍又一遍，而且是用定格画面的方式，一帧一帧地看，时间堆到位了，作品就肯定好。另一个方法很简单，就是盯着客户的产品看，想不出创意，就盯着客户的产品一直看，创意就会向你走来。那年服务田七牙膏的时候，我因为失眠，早上5点到了公司，进公司就看到华楠坐在座位上盯着田七牙膏的包装看。原来他已经看了一宿，后来就有了拍照大声喊田七的大创意。所以创意天才，并不仅仅是因为他拥有天才的头脑，更是因为他花了成为天才的时间。

2006年华与华兄弟成立读客文化，华楠将华与华方法运用于出版业，带领读客文化成为出版行业现象级的公司，华导从此成了我们心目中的楠神。

华板、楠神极为互补，又始终合一，两人有一份彼此甘心舍己的手足情，以至于朋友们都感叹：兄弟当如华与华！在我认识他们这20年时间里，我就从来没见过他们之间红过脸。意见相左时，总是会有一方主动退让。兄弟俩在财务上更是"共享"模式，彼此不会有分毫计较，他们总是会互相体谅，互相扶持。这么多年只有一种情况下他们会"开火"，就是在一起开会讨论方案时，有时候会议会陷入困局，这个时候他们谁拿出了好的创意，就会揶揄另一方。另一方也不服输，会继续抛出更好的想法。两位老板用智慧在互相PK的时候，会让陷入困局的会议氛围一下子变得轻松起来，PK的最后，他们会用几乎一致的判断标准，选择出最好的创意。华与华方法，就诞生于这样无数次的碰撞中。

兄弟当如华与华，品牌营销就要用华与华方法！

华与华方法是华与华公司的企业战略品牌营销创意方法，以"所有的事都是一件事，分开了就不成立"为理念，包括了企业战略、产品战略、品牌战略三位一体的独特策略和创意方法，涵盖战略策划、商品企划、产品开发、品牌设计、包装设计、平面设计、空间设计、工业设计、动画设计、广告创意、销售辅导、品牌托管等一揽子工作，一次做全，一次做对，最大限度、几何级数地降低企业战略营销品牌创意成本。

华与华方法诞生于中国经济起飞的这20年。1998年，华杉提出"所有的事都是一件事""建立新类别,赢得解释权",第一个系统性案例是克刻感冒止咳家族,在本书中有介绍。2004年,华楠提出"超级符号"思想,并发展成"文化母体、购买理由、超级符号、货架思维"的十六字咒。2013年,兄弟俩出版《超级符号就是超级创意》,成为中国市场的畅销书,并于2018年在英国出版英文版 *SUPER SIGNS*,在欧美市场取得成功,成为首部中国人走向世界的品牌理论专著。2019年,他们又出版了《超级符号原理》。

华与华无论在客户的行业领域,还是在自身的专业领域,都有很大的跨度和深度。20年来,从来没有一家咨询公司像华与华这样,创造了如此多令中国人耳熟能详的广告口号和品牌形象。我们的知名案例包括:

1. 我爱北京天安门正南50公里(固安产业新城)
2. 产业新城运营商(华夏幸福)
3. 一个北京城,四个孔雀城(孔雀城)
4. 做足100,益佰制药!(益佰制药)
5. 三精制药,开创口服液蓝瓶时代(三精制药)
6. 小葵花妈妈课堂开课了!(葵花牌儿童药)
7. 拍照大声喊"田——七——"(田七牙膏)
8. 晨光总有新创意(晨光文具)
9. 晒足180天,厨邦酱油美味鲜(厨邦酱油)

10. 六颗星牌长效肥，轰他一炮管半年（六颗星牌长效肥）
11. I ❤ 莜（西贝莜面村）
12. 掌握好食材，原味福建菜（莆田餐厅）
13. 一起嗨，海底捞（海底捞）
14. 奇安信，新一代网络安全领军者（奇安信）
15. 爱干净，住汉庭（汉庭酒店）
16. 知识就在得到（得到app）
17. 专业老人鞋，认准足力健（足力健）
18. 新东方，老师好（新东方）
19. 米饭要讲究，就吃老娘舅（老娘舅）
20. 掌握关键保鲜技术（洽洽小黄袋每日坚果）
21. 你爱我，我爱你，蜜雪冰城甜蜜蜜（蜜雪冰城）
22. 全鸡配汉堡，华莱士吃好！（华莱士）
23. 一万年前就烤鱼，一万年后吃探鱼（探鱼）
24. 熊猫君激发个人成长（读客图书）
25. 烘焙找立高，款款都畅销（立高食品）

华与华由广告公司发展成集战略咨询、营销咨询、品牌设计、广告创意于一体的综合性咨询服务公司，并且开创了中国乃至世界独一无二的华与华方法，原因在于华杉、华楠兄弟的勤奋学习和刻苦钻研精神与中国市场从0到1的原创性学习机会。正如华杉所说:"学习国际一流企业,是一个考古学问题,你不要学他们现在在做什么,他们现在做的事可能都是错的,只是还不至于错到马上把企业搞垮而已。要去考察他们的第一代创始人,创业的时候是怎么做的,那才是精髓。比如去看看可口可乐的早期是怎么起家的。而华与华的幸运,就是我们的所有客户都是第一代创始企业家,20年来,我们和中国最优秀的第一代创始企业家一起工作,一起经历了他们的几乎所有的有关企业经营的思考,而我们自己,又是如此刻苦的读书人,如饥似渴地学习。我们还是聪明的创意人,懂得如何去运用和总结,这就让我们产生了华与华方法,可以贡献给世界。"

我很幸运,在我职业生涯的起点就遇到了华杉和华楠。

他们既是我的老板,也是我的导师。20年来的言传身教、耳濡目染,我实在受益良多。希望看到这本书的朋友都能从中受益。我诚恳地把这本书推荐给大家。

2020年2月29日

华杉、华楠童年合照

企业三大原理

康德：

我们的工作不以扩展知识为目的，而仅仅以纠正知识为目的。人们将觉察到，它的用处毕竟只是消极的，也就是说，这些原理不可避免的结果，不是扩展了我们的理性应用，而是缩小了这种应用。这种缩小，正是哲学最初以及最重要的事务——就是通过堵塞一切错误的来源而一劳永逸地取消它的一切不利影响。

王阳明：

其说本已完备，非要另立一说以胜之。

吾等用功，只求日减，不求日增。减得一分人欲，便是复得一分天理，何等轻快洒脱，何等简易！

华杉：

圣道不传，就在于一代代学者的胜心和兜售，非要说以前的理论"过时"了，另立新说，几代下来，正学就失传了。所以要为往圣继绝学，正心术，立正学，这也是为社会致良知。

华楠：

所谓方法，就是将常识工具化。常识是最高的真理，没有什么比常识更高。

看任何问题，要以哲学级的洞察，求原理级的解决方案。什么是哲学呢？正如前面康德所说，就是要堵塞一切错误的根源，拆除"思想烟幕弹"，吹散"精神迷雾"，一劳永逸地取消一切不利影响。

从最基本的原理开始，我归纳了如下"企业三大原理"，这三大原理，没有一个是我的发现，都是往圣先贤的绝学。不过，我斗胆把他们三位的三个思想组合在一起，命名为"企业三大原理"，如果能对企业经营者有所启发和指导，那也算是我的一个"创新组合"了。

企业第一原理：科斯的交易成本原理

企业之所以存在，是因为它降低了社会的交易成本。随着企业规模的扩大，内部交易成本会超过外部交易成本，这时企业的规模就停止扩张了。

企业第二原理：德鲁克的社会职能原理

企业是社会的重要器官，承担某一方面的社会分工职能，为社会的目的而存在。企业是手段，不是目的，企业存在的理由是为社会解决问题。一个社会问题，就是一个商业机会。

企业第三原理：熊彼特的创新利润原理

企业没有利润是常态，所获得的维持企业继续生产经营的"利润"，不是利润，只是社会付给企业承担社会分工的"管理者工资"。企业家只有创新，才能获得利润。而创新获得的利润是短暂的，因为对手会学习赶超，以至于消灭创新利润。所以要想获得利润，就需要持续创新。

这三大原理的逻辑，前两条都解释了：社会是目的，企业是手段。认识到这一点是基础，这要求我们制定企业战略、经营使命或者核心价值观的出发点，首先必须是"无我"，完全从社会导向来思考，这是唯一正确的思考路径。把"无我"思考明白了，再考虑"我"——我也有自己的目的，我想赚钱，那就是第三原理，有且只有一条道路——创新。

所有企业经营的方法论，都不外乎服务社会的方法论和创新的方法论，这就是正道，离开这两条路，就是王阳明说的"断蹊僻径"。孔子说："行不由径。"我们这本书，就是正心术,立正学,走正道,不"另辟蹊径"。

我们总结并扩展以上命题,提出我们的企业哲学:

1. 企业是为社会的目的而存在,为社会承担某一方面的责任,解决某一方面的问题。
2. 品牌是企业对解决该问题的完整承诺。
3. 承诺越完整,则社会通过该企业交易的成本越低。
4. 解决的社会问题越重大,则企业的市值越高,越能基业长青。
5. 企业通过持续创新以获得利润。

我们将在下文对企业三大原理做依次说明及案例讲解。

企业第一原理：科斯的交易成本原理

英国经济学家罗纳德·哈里·科斯在1937年他27岁的时候，发表了一篇论文《企业的性质》。到1991年他81岁的时候，他因为这篇论文获得了诺贝尔奖。

在《企业的性质》这篇论文中，科斯研究了一个根本性的问题——

企业为什么会存在？

哲学家总是研究这样根本的问题，而我们需要学习的，正是这样的思维方式。如果你经营一家企业，思考过这世界上为什么会有企业，可能就更能理解这世界上为什么会有你这家企业，你就能找到基业长青之道。我们讨论企业三大原理，意义就在这儿。

科斯的结论很简单：

企业之所以存在，是因为它降低了社会的交易成本。

比如我是一个贵州人，居住在上海，我想吃到家乡的油辣椒。如果没有企业，那我得步行一年回到贵州，然后找到家乡的一个老妈妈做给我吃。但是有了企业，我在楼下超市花10元钱买一瓶老干妈就可以了。

比如法国巴黎最优秀的服装设计师，他只给王后和公爵夫人设计服装，但是，今天你到H&M花200元钱，也能买到他设计的服装。

所谓企业，就是让普通老百姓也能用得起以前国王才能用上的东西。

那么第二个问题来了，既然企业能够降低交易成本，那全世界有一个企业不就行了吗？为什么会有那么多企业呢？

人类有没有进行过只有一个企业的社会试验呢？有啊，就是计划经济。结果发现不行。不行在哪里呢？科斯提出第二个结论：

随着企业规模的扩大，企业内部的交易成本会上升，当企业内部的交易成本超过了外部的交易成本，企业的规模就停止扩张了。

扩张和合并，都是企业的本能冲动，但为什么企业合并失败的多，成功的少呢？商学院的课程分析了很多企业文化融合冲突的问题，究其根本原理，还是内部交易成本的上升。我们只看到外部的业务协同效应，只想着做大做强，甚至希望通过合并来建立垄断。但是，内部交易成本的上升，会侵蚀所有合并带来的利益。否则，一路发展下去，岂不是又走向全世界只有一家企业最好？

企业合并之后，沟通成本极大地上升，汇报层级增多甚至交叉重复，对于这些，大家都认为"没办法"，都接受了。但是，如果能从理论上认识到这是内部交易成本的上升，而且为此付出的代价将超过合并后业务协同效应带来的外部交易成本的降低，最终导致整个公司的失败，那么，每个人的态度就会不一样，就不会认为"没办法"了吧？所谓有没有办法，只不过是个态度问题，而态度，来源于认识。统一理论，就能统一认识。

最基本的常识，是最容易被抛弃的。前些年，开始有一种说法，说迈克尔·波特的五力模型已经过时了，因为现在是平台企业的时代。似乎一个企业如果不是做平台，就low了，就out了。又过了几年，平台战略也low了，也out了，现在一流的企业是做"生态"了。那"生态"扩张放大，不就是又回到计划经济，全世界只有一个企业，一个生态就够了吗？还真有企业家说："有了大数据，计划经济就可以实现。"以至于有经济学家悲叹："我们付出几十年的巨大代价，学会了一点基本常识。结果呢，好日子没过上几天，就都忘掉了。"

德鲁克研究通用汽车公司，他说通用汽车的缔造者威廉·杜兰特发明了企业联盟，他通过收购建立了一个经营范围从汽车零部件到整车的企业集团，由此保持成本领先30年。但是到了20世纪50年代和60年代，随着工会势力的壮大，特别是零部件厂商纷纷成立工会，通用汽车成本飙升，到今天也不能摆脱这个困境。

这个工会带来的成本上升，就是科斯说的内部交易成本的上升。

还有一个问题，在杜兰特最初构建他的企业帝国的时候，他设计的零部件供应商业务模式，是50%供应给通用，50%卖给其他整车企业。后来，随着汽车产业集中度的提高，其他整车企业都消失了，通用的零部件厂商的产品100%卖给通用，完全变成了内部企业，通用对它供应商的成本和质量都无法控制了，双方都吊死在一棵树上，这也是内部交易成本的飙升。

像威廉·杜兰特这样企业史上最伟大的企业家之一，也无法驾驭他的扩张，最终被逼离开了通用汽车。

扩张和控制，是人性的本能，尤其是男人的本能，其根本都是征服欲在作怪。从古到今，从亚历山大到恺撒，从成吉思汗到拿破仑，再到希特勒，征服的结果必然是崩溃。越是扩张，就越是无法控制。你必须一开始就不去谋求控制。

我们写这本书，立足于基本原理，也是一个出发点，就是只把握最基本的原理和最基本面的工作，把未来留给命运和运气。毕竟，这个世界归我们控制的只有很小一部分。我们甚至都不能控制自己，如何能控制世界？

回到康德的话，我们写这本书，不是为了扩展人们对企业的认识，而是要将之加以缩小，加以限制。这种缩小和限制似乎是消极的，但是，它却有一个最积极的意义，就是堵塞一切错误的来源。那些来源，是一厢情愿的侥幸心理，是贪巧求速的拔苗助长，是成功人士的过分自信，因为人性将事物简化的冲动而走向过分简化，这些都是人性的弱点。划清这些界限，就是无限谬误的终结和正当的界限。

将交易成本原理称为"企业第一原理"，是因为它能解释和指导企业的一切工作。企业的一切工作分为两类：

第一类，降低内部交易成本的工作，评价标准是有没有降低内部交易成本。

第二类，降低外部交易成本的工作，评价标准是有没有降低外部交易成本。

设计组织架构、经营管理制度、奖惩机制，或者搞组织变革、合伙人制、股权激励，是为了降低内部交易成本。而所有的品牌营销工作，都是为了降低外部交易成本。本书主要涉及的是外部交易方面的内容，对于内部交易成本，仅在此举一个例子：

内部交易成本最低的中国企业，你想到哪一家？

我们想到两家，一家是海底捞。由于海底捞的师徒制激励机制设计，店长培养一个新店长所能获得的收入，比自己多管理一家新店还高，于是所有店长都全力以赴培养新店长，这样的机制，把企业的内部交易成本降到了最低，让海底捞获得了高速的增长，而且资本市场也给了海底捞极高的预期，在香港上市的海底捞，竟能获得90倍的市盈率！

另一家是华为。华为"以奋斗者为本"的种种人力资源政策，都是为了降低企业内部交易成本。华为坚持不上市，也是为了降低内部交易成本，因为资本市场会提高企业的决策成本和管理成本。

企业经营是一个经济活动，经济活动就是钱的事儿。钱的事儿就是两个事儿，也是华与华方法看企业的两个角度——成本和投资。成本，是研究如何少花钱；投资，是研究那花掉的钱能不能不是费用，而是投资，成为资产，50年后我们还能每天收到它的利息，这是我们在品牌三大原理部分要讨论的内容。

记住成本和投资，降低成本和形成资产这两个看企业经营行为的角度，可以帮助你理解本书。

企业第二原理：德鲁克的社会职能原理

企业是手段，社会是目的。企业的性质是降低社会的交易成本，也是为社会解决问题，这就是企业第二原理。

企业是一种社会分工机制，是社会的器官，企业的宗旨必须是在企业之外的。企业之所以存在，就是因为它能够向社会提供某种特殊的服务，企业的本质是为社会解决问题。

这是企业的重大性质，科斯提出企业的性质是降低社会的交易成本，我把德鲁克的思想称为企业的第二性质——社会分工机制，为社会承担责任，解决问题。下面我们就会涉及企业社会责任、经营使命、企业战略等重大命题。

我们之前经常听到一个"找风口"的说法，说找到了风口，猪都能上天。但是，那风口跟你有什么关系呢？其实，每一个风口都有无数头猪，只有一头猪能上天，人们只看到了上天的那一头而已。那头上了天的猪发言说："猪都能上天！"而实际上它是唯一一头能飞上天的猪，本来就是天蓬元帅。除了天蓬元帅,没有任何一头猪能上天,但其他猪把话当真了。

所有的成功都是时间积累,如果你真的在"找风口",就意味着你在任何地方都没有时间积累,那是绝不可能上天的。

我们不是要找风口,而是要找分工,找到自己的社会分工。

所谓"定位",就是定位自己的社会分工,我到底为社会承担什么责任,解决什么问题,这就是我的事业领域,是我的使命。

找分工,找到自己的分工,就干一行,爱一行,在这个领域终身学习,持续创新,始终保持领先,就能基业长青,还能传诸后世,留下遗产。

这就是正道。

立正学,走正道,就是本书的定位、社会责任、写作使命、社会分工,就是本书要解决的社会问题。

人们之所以不能成功,就是因为在"我如何能成功"上想得太多,怀着侥幸心理,一厢情愿,拔苗助长;在"我到底能为社会做什么"上想得太少,不能下日日不断、滴水穿石之功。人一旦有了侥幸心理,他的轻信就没有限度,只要符合他的期望,什么灵丹妙药他都要试一试,就不能踏踏实实地积累。

扎克伯格来中国,有两次谈话我印象很深。一次是和马云的对话,他说:"我通常会说,你要想着解决问题,而不是想着去开一家公司。这在硅谷是很普遍的问题。很多人在没有想到解决什么样的问题之前就开了公司,在我看来这是很疯狂的。"

另一次是在清华的演讲:"重要的不是我如何(how)创建Facebook,而是我为什么(why)要创建Facebook。"2004年创建Facebook的最重要原因是基于人的连接,当时互联网上可以找到几乎所有的东西(新闻、音乐、书、电影、购物),可是没有服务能帮我们找到生活上最重要的东西,那就是人。所以他创建Facebook,就是为了把所有的人连接起来。

在我们写本书的时候,Facebook宣布发行数字稳定币Libra,我想扎克伯格非常清楚自己要解决什么问题,他不是来踩风口上天的。他一定是针对某一全球性的社会问题,提出一个解决方案。而这一解决方案,将极大地降低社会的交易成本。其他国家或公司如果要和他"竞争",或者说感到自己有可能被"替代"的威胁,那就要拿出更好的方案来。

思考任何问题,要始终服务于最终目的,比如讨论企业时我们总喜欢说"竞争",讨论企业战略时喜欢说"竞争战略",但竞争本身不是企业经营的最终目的,企业战略首先也不是竞争战略。在这一节,我们会重新定义什么是企业战略。

正确的思考路径只能有一个,就是为社会解决什么问题,如何用最优方案解决。

畅销书《基业长青》说,我们不是要建立一个基业长青的公司,而是要建立一个对于社会来说,值得基业长青的公司。也就是说,基业长青不是我们的一厢情愿,而是社会对我们的恒久需要。为了说明这一点,作者打了一个比方,提出了一个问题,我觉得这个问题价值连城,我把它命名为"基业长青之问"。

假如明天我们不幸消失,社会是否会因此若有所失?

这个问题为何价值连城呢?你将自己代入进去试一试就知道了。

学习要先有"学习学",否则价值连城的话放在那里,你看了也是白看。学习学是什么呢?就是代入自己,就是博学、慎思、审问、明辨、笃行,就是切己体察,事上琢磨,知行合一。

我们先不代入自己,找两家企业代入进去看一看。

我把苏宁电器和淘宝代入基业长青之问里:

假如明天苏宁电器不幸消失,社会是否会因此若有所失?假如明天淘宝不幸消失,社会是否会因此若有所失?

我个人认为,苏宁电器消失对我的生活影响不大,因为替代的服务渠道很多。但是如果淘宝消失,恐怕很多人要着急了。

我又代入其他两家企业:

假如明天网易不幸消失,社会是否会因此若有所失?假如明天腾讯不幸消失,社会是否会因此若有所失?

网易是非常优秀的企业,经营非常健康,也没什么负面新闻,从不跟人吵架,但是,我发现它的存在与否,对我有一定的影响,比如网易云音乐没了,但是这个影响不算严重。但是如果腾讯没了,我就生不如死,朋友圈没了,微信支付也没了。

一个好问题,像一面镜子,照出了我们的价值。

这时候,我重新体会德鲁克的话——企业是社会的器官。

是啊，你能不能成为社会的重要器官呢？如果你是社会的肾脏，或者肝脏，少了你不行，你出了问题，要做器官移植，那代价很高。有一种说法叫"大而不倒"，大到不能倒，那是企业的规模绑架了社会，那不是好事。我们要追求另一个：重要到离不了。

企业承担社会分工，所以社会就像一个企业，企业就像社会的一个员工。员工有两种：一种是可替代性强的，他离职了，下楼到大街上找一个人就可以顶上他的工作；另一种是可替代性差的，他如果离开了，那这公司运营就有问题，就有重大损失，你没法马上找一个人来替代他。前一种员工，只能获得基本工资；后一种员工，能成为合伙人。企业也一样，你关门倒闭对社会没什么影响，你经营也没有利润，倒了也没人心疼。而对于社会来说重要的企业，经营有利润，能成为基业长青的"社会合伙人"。

我们常说"消费者的黏性"。要想基业长青，你就要思考企业和社会的黏性。

由此，我提出华与华方法企业战略"三位一体"模型：企业社会责任、经营使命、企业战略三位一体。

首先，我们要重新定义企业社会责任。

我去上商学院，第一堂课就是企业社会责任。学校的意思是说，你们要做企业家，首先要做有社会责任的企业家。什么是企业社会责任呢？通行的定义是这样的：

企业社会责任（Corporate Social Responsibility，简称CSR）是指企业在创造利润、对股东和员工承担法律责任的同时，还要承担对消费者、社区和环境的责任，企业的社会责任要求企业必须超越把利润作为唯一目标的传统理念，强调要在生产过程中对人的价值的关注，强调对环境、消费者和社会的贡献。

我不喜欢这个定义，我相信德鲁克也不会喜欢这个定义，因为这个定义首先将企业家置于不负责任的前提下。这个定义也让很多企业把社会责任搞成了慈善，而自己该负的责任没有承担起来。

这个定义认为，对于企业来说，利润是第一位的。这个问题，德鲁克专门说过，他说回答"企业是什么"这个问题，"企业是一种以营利为目的的组织"这种回答不仅是错误的，而且是答非所问。利润最大化这个概念是毫无意义的，而且是危险的，它使盈利性变成企业追逐的唯一目的。

盈利并不是企业和商业活动的最终目的，它只是一个限制性因素。

利润动机以及由此衍生出来的利润最大化，与我们所理解的企业职能、企业宗旨以及对其进行的管理工作之间是没有丝毫关系的。

利润动机和利润最大化这一概念会带来其他一些危害，它是社会中使人们对于利润的性质形成误解，并深刻仇视利润的一个主要原因，而这是工业社会中最危险的弊病之一。美国和西欧一些国家，由于未能理解企业的性质、职能和宗旨，在公共政策方面产生一些严重的错误，其根源也在于此。

还有一种普遍的看法，即认为利润和公司做出社会贡献的能力之间存在固有矛盾。实际上，形成这种观念的根源，也主要是利润动机和利润最大化这一概念。

我们注意到德鲁克在这里提出了"利润的性质"的问题，在这里我们先按下不表。在下文我们讲企业第三原理——熊彼特的创新利润原理时，还要讨论这个话题，讨论"利润的定义"。这个概念的厘清，能让我们自己去认识如何获得利润，以及消除社会对利润的仇视，从而避免公共政策对企业的伤害。

回到企业社会责任的定义，我们就可以看到CSR的定义和德鲁克的观念相反，恰恰是德鲁克所说的最有害的观念。

我们要重新定义企业社会责任。企业社会责任不是企业在经营之外的义务，而恰恰是企业的核心业务。

企业是社会的器官，企业社会责任，就是企业为社会承担解决某一方面问题的责任。这是企业的宗旨，就是扎克伯格说的，我们要创办一个企业的初心。

其次，我们要重新定义企业的经营使命。

很多公司提出它们的经营使命口号，挂在墙上，却往往流于虚幻。我想，这首先是对"使命"的定义问题。什么是"使命"呢？这样的问题，我建议查字典，《现代汉语词典》的解释是"重大的责任"。

所以,企业的经营使命就是企业为社会承担的重大的责任。

就像医院要救死扶伤,这是重大的责任和使命。自来水厂要保障一个城市的供水和水质安全,这是重大的责任和使命。牛奶公司要保障牛奶供应和高品质的质量安全,这也是重大的责任和使命。你不能又捐建希望小学,又到处赠送牛奶,说那是在尽"企业社会责任",但是牛奶质量却出了问题。那是你自己找了些责任来承担,该你承担的责任却没有做好。

所以,企业社会责任就等于经营使命,两者是一回事。

我们这个企业是否重要,是否能基业长青,就看我们有没有为社会承担着重大的责任和使命。我们给自己的公司找定位,就是要找到这样一个责任定位,这个使命定位。

把定位简单地理解为一种占领消费者心智的词语魔弹,就只是利用了信息不对称的宣传手段,还不能放在企业战略的层面,更不是企业社会责任和经营使命。这方面的问题,我们放在本书"传播三大原理"部分再讲。

根据我们对企业社会责任和经营使命的定义,我们就要重新定义企业战略:

企业战略不是企业的战略,而是企业为解决某一社会问题,为社会制定的战略。

我们这里所指的企业战略是什么呢?主要是指企业的业务战略——业务组合和产品结构。我不是要制定一个战略,来解决那个社会问题吗？我的战略，就是该社会问题的解决方案，是一套解决办法，是一套业务组合和产品结构。我用这些产品和服务，保障该社会问题得到解决。

这整个过程都是无我的，都是社会导向的。社会是目的，企业是手段。

企业的利润目的，我们到企业第三原理再解决，我们先解决一个基业长青的问题。

何谓基业长青？就是你在为社会承担某一方面的重大责任上，始终保持无可替代的地位，始终领先，始终是"三个代表"——始终代表先进的生产力，始终代表先进的文化，始终代表社会和消费者的利益。社会离不开你，你就基业长青。只有社会离不开你，你才能基业长青。

至此，我们完成了华与华方法企业战略方法论的论述，涉及的几个重新定义，这里再说一遍：

> 企业的定位，是定位企业为社会解决什么问题，是选择企业作为社会重要器官的社会分工。企业社会责任，就是企业为社会承担解决该问题的责任。企业经营使命，就是企业为社会承担的使命和责任，因为使命本身，就是重大的责任。企业战略，就是为社会制定解决该社会问题的战略。企业战略体现为业务组合和产品结构，这一套产品和服务，就是该社会问题的解决方案。

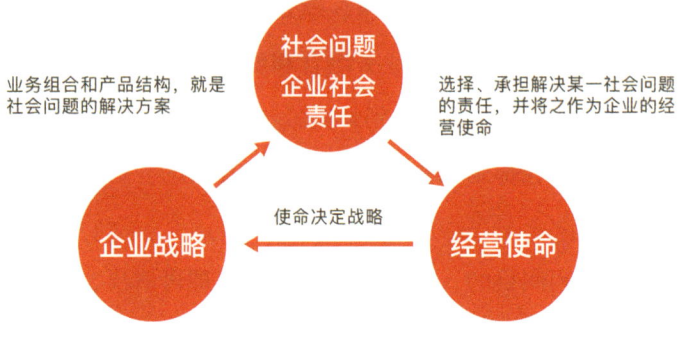

华与华企业战略"三位一体"模型

下面我用两个华与华的实操案例来剖析企业社会责任、经营使命、企业战略三位一体的华与华企业战略方法。

第一个是小葵花儿童药的案例。

在2007年的时候,华与华开始和葵花药业合作,那个时候葵花有两个拳头产品:一个是葵花胃康灵,一个是葵花护肝片。这两个产品的销量大概都是3.5亿,加起来7个亿,其他所有产品一共1个亿,加起来8个亿的规模。而且,在8个亿的规模上已经徘徊了两三年,也没有进步。

这时候客户给我们一个任务,说你怎么能给葵花找出第三品?我们说这第三品不是品种的品,而是品类的品。这就给他们提出了儿童药的战略。

提出儿童药的战略给葵花,首要原因是基于他们的资源禀赋。他们有什么资源呢?有12个儿童药的非处方药产品。

次要原因是我从1999年开始,就想搞一个儿童药的品牌。

1999年,我还在深圳,有一天翻报纸,看到个豆腐块文章说,我们国家没有专业的儿童药。孩子吃药都是拿大人的药掰一半来吃。我就想起我们小时候,吃药是拿大人的药,把它掰成小片来吃。那么,专业的儿童药应该怎么样呢?首先,儿童的药和大人的药里面的配方不是完全一样的,直接拿大人的药来掰开吃,本身就是对儿童不负责任。其次,用量要根据孩子的体重,10公斤的体重吃多少,15公斤的体重吃多少,30公斤的体重吃多少,根据体重有一个精确的用量。所以,现在的儿童药后面的说明书上都有一个表格,这边是体重,那边是用量,但以前都没有。过去的药品说明书上,加一句话叫"儿童酌减",什么是酌减?不就是你看着办吗?那不是太不负责任了吗?

这就是一个社会问题,就是一个商业机会,华与华就给葵花规划了一个儿童药的战略。从我们的非处方药开始,通过研发、收购、兼并,去取得处方药的产品,再取得保健品,再取得类似强生的那些痱子粉、止痒膏、婴幼儿沐浴露等儿童个人护理产品。这样就形成了一个产品组合,我设想可以形成一个30亿规模的儿童用药和健康用品的战略。这30亿的规划,在十年后得到了完全实现。

所以,我们的企业社会责任是什么?就是保护中国儿童用药安全。我们的经营使命是什么?保护中国儿童用药安全。我们用什么战略来保护中国儿童用药安全?就用这套产品和业务组合的规划,以及未来的研发投入。

在儿童药品牌形象上，华与华创作了一个小葵花娃娃的形象来代表儿童药，用这个形象统一了全部的包装，拍摄了大家熟悉的那个广告。"小葵花妈妈课堂开课了，孩子咳嗽老不好，多半是肺热，用葵花牌小儿肺热咳喘口服液。"

为什么我们的第一句话是"小葵花妈妈课堂开课了"呢？这就是华与华方法里面讲的战略企图和起手式（上手的第一招），因为我的战略企图不是只卖这一盒药，而是保护中国儿童用药安全，建立起整个儿童药品和健康护理的品类品牌。所以，我的起手式，就是建立起妈妈课堂，以后我还要推介别的东西，还要销售别的东西。

所以说，广告文案的背后是整个企业战略，是设计战略的人在设计产品，在设计品牌形象，在设计包装、创意广告，这在华与华，我们叫作所有的事都是一件事。所以说，华与华是战略家、创意人，既为企业制定战略，又能用创意来引爆战略。

我们为葵花儿童药设计的整个产品结构和业务组合的规划，也就是前面说的企业战略，不是企业的战略，而是企业为解决某一社会问题，为社会制定的战略。

对于葵花儿童药来说，是解决中国儿童用药安全问题设计的一个战略。葵花儿童药的收购和研发都以这个规划为指导进行，今天，葵花也成了中国儿童药的领导品牌。

葵花药业价值版图

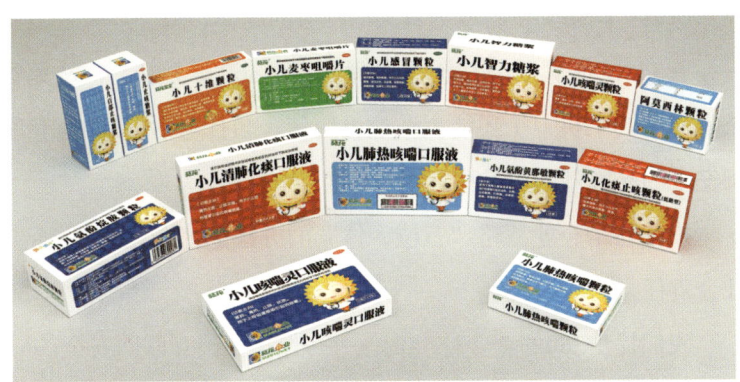

葵花包装

第二个是360的案例。

2012年,华与华开始和360合作。当时360的主要业务战略,是做手机,正在和华为合作360特供机。华与华为360做了一个新的战略定位——互联网安全。

定位互联网安全,有两个理由:

一是社会的重大问题和需求,不仅是顾客的痛点,还是社会的痛点。

二是360的品牌基因和资源禀赋。

就社会的重大问题和需求而言,当时正在进入物联网时代,所有东西都上网了,如周鸿祎所说:汽车就是一台大手机,飞机也是一台大手机,都有被互联网犯罪分子操纵的风险。互联网安全问题会越来越严重,越来越急迫。家里的电器、窗帘、门锁都上网了,可以被你的手机操控,当然也就可以被网络犯罪分子操控。所以,网络安全将成为重大的社会问题。

就360的品牌基因和资源禀赋而言,360安全卫士,从免费杀毒起家,手机卫士还能拦截垃圾短信、骚扰电话。360有互联网安全的品牌基因,最接近这个位置。

按华与华企业战略"三位一体"的方法论,企业战略=企业社会责任=经营使命。

我们提出360的企业社会责任——保护中国互联网安全。

360的经营使命——保护中国互联网安全。

360的企业战略——不是360的战略，是360要拿出一套保护中国互联网安全的战略，拿出一套保护中国互联网安全的业务组合和产品结构，用这一套产品和服务，来解决中国的互联网安全问题，并且持续保持领先。

用一套什么样的产品和服务呢？用常识思考，我们写了三条：

1. 个人网络安全；

2. 企业网络安全；

3. 国家网络安全。

这就是三个业务线的规划。

当时360没有To B的业务，没有企业网络安全、国家网络安全的技术和业务，怎么办呢？

收购啊！

后来360收购了网神和网康，在2015年组建了360企业安全集团。

这是简单的过程。

在确立了这个战略之后，我们的第一个动作，是策划了中国互联网安全大会。这又涉及对"公关"的重新定义。

公关界怎么定义"公关"呢？

公关即公共关系，是社会组织同构成其生存环境、影响其生存与发展的那部分公众的一种社会关系，是一个组织为了实现一种特定目标，在组织内部员工之间、组织之间建立起一种良好关系的科学。根据爱德华·伯内斯定义，公共关系是一项管理功能，通过制定政策及程序来获得公众的谅解和接纳。

爱德华·伯内斯公关理论的核心是明确提出了"投公众所好"的公关原则，即一个组织在决策之前，应先去了解公众的需求和兴趣，然后有针对性地展开说服性宣传，在迎合公众要求中争取其支持。

在爱德华·伯内斯看来，公关是为了获得公众的谅解和接纳。"谅解和接纳"这两个词，让人感觉跟"企业社会责任"的定义一样，预先把企业置于负面的前提下。比如烟草公司要搞搞公关，取得社会公众对吸烟有害健康的谅解和接纳。

在我看来，这个定义糟透了。庄子有一句话："行贤而去其自贤之行。"就是说，做好事，不要去做那些为了让别人说我好而做的事。设计一些事去做，为了让别人说我好，怎么听起来也是多余的废动作。或者说，对自己干的一些"坏事"的对冲。你做什么事，你就是什么形象，哪有为了树立形象而去做的事呢？

华与华怎么定义公关呢？

回到前面讲的企业战略"三位一体"模型，企业战略不是企业的战略，而是企业为解决某一社会问题，而为社会制定的战略。企业的产品和服务，就组成该社会问题的解决方案。我们把公关重新定义为"企业对社会的公共服务产品",用产品开发的思维来做公关。

这个公关产品,也在我们的业务组合和产品结构里面,在我们的企业战略里面,构成我们的经营使命,我们的社会责任所要解决的那个社会问题的解决方案。我们不要像一群吵架的孩子,在社会公众面前大声嚷嚷:"我是好人,他是流氓。"而是诚意正心为社会服务,尽自己的责任,做自己的事情。

用产品开发的思维做公关,我们创意开发了360的公关产品——中国互联网安全大会。中国互联网安全大会,不是一个公关事件,而是为中国互联网安全行业搭建一个世界级的网络安全行业交流平台,推动中国互联网安全发展,是中国互联网安全问题解决方案的重要组成部分。

有了这个定位,中国互联网安全大会就不是360的互联网安全大会了,而真正是中国的互联网安全大会。这就是360的一个社会服务产品,而非公关事件,就像当年的免费杀毒一样,这是一个免费产品。

企业战略不是企业的战略,而是企业为解决某一社会问题,为社会制定的战略,中国互联网安全大会也是360为解决中国互联网安全问题,为中国开发的一个战略性服务产品。这不是360的事业,而是国家的事业,所以主办单位的团队越来越大,如今已经是中国互联网协会、中国网络空间安全协会、中国友谊促进会、中国密码学会、360互联网安全中心联合主办。参与进来的政府机构也越来越多，国家互联网信息办公室网络安全协调局、工业和信息化部网络安全管理局、公安部网络安全保卫局（国家网络和信息安全信息通报中心）、国家密码管理局商用密码管理办公室等，都成为大会的指导单位。

这就是正道。

正心术，立正学，走正道，就是本书的写作使命。一个人选择一种哲学，因为他本身就是那样的人。我希望通过以上对企业社会责任、企业战略、公共关系的重新定义，让你理解我们的认识论和价值观，这是我们一切方法论的基础。

重温德鲁克的话："企业是社会的器官，企业的宗旨必须是在企业之外的。企业之所以存在，就是因为它能够向社会提供某种特殊的服务，企业的本质是为社会解决问题。"360的经营宗旨，就是保护中国互联网安全，360的理想就是成为中国的互联网安全器官——重要器官，360的企业社会责任和经营使命，就是为中国承担互联网安全责任——重大责任，解决互联网安全问题。

这里，我们就涉及华与华方法的"五个市场模型"：

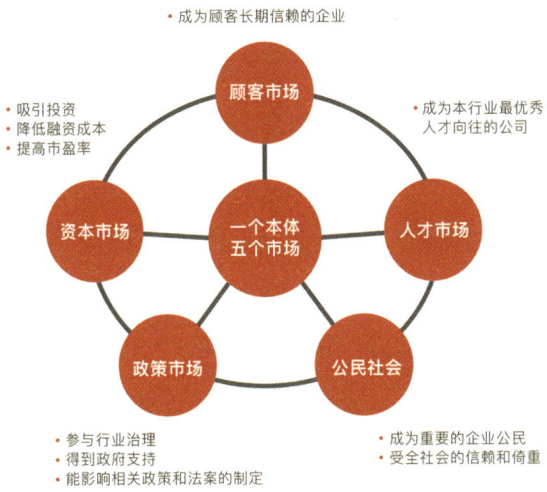

五个市场模型图

企业有五个市场,要"一个本体,五个市场",而不是只有一个顾客市场。

五个市场分别是顾客市场、资本市场、政策市场、人才市场、公民社会。

所以我们有五个方面的客户:顾客、投资者、政府、人才、社会公众。

很多大公司,把这五个市场分开,分给不同的部门,对顾客的有市场部、品牌部,对投资者的有投资者关系部,对政府的有政府事务部,对人才的有人力资源的雇主品牌部,对公众的有公关部。然后就把一个事情,肢解成了若干零碎事项,相互还有部门墙,不是在一个本体、一个战略下,一次成型,一体解决。

360定位保护中国互联网安全之后，给公司的品牌公关工作带来巨大的改变。在顾客市场，新增加了To B的互联网安全业务，每年以100%的速度增长，国家安全部门、政府部门、大型企业都成为他们的客户。在政策市场，没有网络安全，就没有国家安全，360的事业，与国家安全、社会公众安全联系在一起，赢得了政府的支持。在资本市场，360得到全力支持，回归A股上市。在人才市场，360成为互联网安全人才心目中的圣地，并且推动中国的大专院校开设互联网安全专业。对于社会公众来说，360也不再是当年毁誉参半的"斗士"形象，而成为互联网安全的"守护者"形象。

一个本体，五个市场，你也可以用博弈论的理论去理解，那就是扩大游戏的参与方，扩大我们的利益相关者，也培植了我们生存的土壤，实现基业长青。

一体万物，一理万殊，基于原理去思考、去建构，就能如善战者动于九天之上，活在他人想象之外。

再回顾一下我们的企业哲学：
1. 企业是为社会的目的而存在，为社会承担某一方面的责任，解决某一方面的问题。
2. 品牌是企业对解决该问题的完整承诺。
3. 承诺越完整，则社会通过该企业交易的成本越低。

4. 解决的社会问题越重大，则企业的市值越高，越能基业长青。
5. 企业通过持续创新以获得利润。

360为保护中国互联网安全而存在，承担保护互联网安全的责任，那么，360品牌就是对中国互联网安全的承诺。这个承诺，必须是完整承诺。什么意思呢？就是只要是互联网安全的问题，我都负责解决！不能说有时候能解决，有时候不能解决；或者有的地方能解决，有的地方不能解决。如果承诺不完整，别人就不知道该不该找你了，因为不知道找你行不行。一定是只要来找你就行，如果你不行，也没别人了，那大家才都来找你，这样才能降低社会的交易成本。

补充强调这一点有什么意义呢？意义重大！这是产品战略问题。

产品战略，就是我们到底提供什么产品，不提供什么产品。通常我们研究产品问题，容易盲目地用波士顿矩阵来研究，把产品分为问题、明星、金牛和瘦狗，根据它们的市场表现来决定发展、维持、收获和放弃。那如果是制药业的话，就会出现一些不赚钱的药没有企业生产了，这就是中国的现状。

而"解决某方面社会问题的完整承诺"指导下的产品战略思想呢，就不是以市场表现和财务指标来取舍产品和服务的开展，而是以承担社会责任、解决社会问题为标准。这样我们不仅会保留不赚钱的业务，还会提供完全不收钱的服务，由企业进行补贴的服务。

这样企业能赚钱吗？

当然能赚钱！因为当你的承诺完整，你就能让全社会以最低交易成本向你倾斜，实际上是实现了"总成本领先"。这就是迈克尔·波特在他的竞争战略理论里说的，战略定位是创造一组独特的经营活动，实现三个结果：独特的价值、总成本领先和竞争对手难以模仿。

再者，我们本来就应该先考虑解决社会问题，再考虑赚钱！今天的资本市场支持这样的企业。只要能解决问题，总是能找到客户和商业模式的。如果一心想着找风口赚钱，反而是吃屎都抢不到热乎的。往往我们不能成功，就是因为在我怎样能成功上面想得太多，在我到底能为社会做点什么上想得太少！这是今天普遍存在的问题。

当初给360规划互联网安全战略的时候，我并不清楚具体怎么赚钱，这不是我的工作，我只是凭着我的认识论和价值观，做出了战略构想。不过我印象很深的是，齐向东跟我说："互联网B2C的红利已经过去了，流量变现的红利已经被瓜分完毕。未来是B2B的时代。物联网时代，所有的设备都被网络连接起来，则所有的设备都需要互联网安全的保护；互联网安全的保护，一定是由终端产品厂商向消费者提供，而不会是消费者自己去购买。那么，终端产品厂商就要向互联网安全企业购买互联网安全产品和服务,这是一个B2B的生意。当所有行业的所有企业都要完成人工智能的升级,投资人工智能和与之配套的互联网安全服务,就是购买生产力,就像20世纪80年代买彩电生产线一样,这是全世界一起升级。"

"到了B2B的时代,微软、IBM会重新成为全世界最强大的公司,因为B2B的活儿它们会干!"齐向东说。

在我们写下这一页的时候,微软刚刚重返万亿美元市值,重新成为全球首席企业。这应验了齐向东的话。

2019年,360企业安全集团从360公司分拆出来,并接受了中国电子信息产业集团公司的投资,专门独立为政府、企业,尤其是教育、金融等机构和组织提供企业级网络安全技术、产品和服务的网络安全公司——奇安信集团。

企业第三原理：熊彼特的创新利润原理

前面我们讲了科斯的交易成本原理和德鲁克的社会职能原理，这两大原理，可以说企业都是手段，社会才是目的。我们要建立一个企业时，首先要"无我"，要为社会着想，为社会解决问题，为社会降低交易成本。那么，我们企业自己的目的呢？我们想要赚钱，想要有利润，怎么办？

有且只有一条路径，就是创新。

什么叫创新？十几年来我参加过不少创新论坛，但是很少听到演讲者准确地表述创新，或者说，按创新理论的创立者——熊彼特所定义的那样去表述创新。

哲学家维特根斯坦说："词语的游戏规则在语言游戏中建立，也在语言游戏中修改。当我们交谈的时候，我时常感到需要把词语从我们的交谈中抽离出去，送去清洗，清洗干净之后，再送回我们的交谈中。"

"创新"这个词，也需要清洗。我们就回到熊彼特的理论中去洗个澡吧！拆除思想烟幕弹，驱散精神迷雾，擦亮词语良知。

1912年，熊彼特出版了他的名著《经济发展理论》，在这本书里，他定义了三个词：企业家、创新和利润。注意这三个词的定义，因为我们解决问题，需要"定义级的洞察，原理级的解决方案"，只有厘清定义，才能找到底层逻辑，才能谋求最根本的解决。

在《经济发展理论》这本书里，熊彼特首先研究了一个最根本的问题：

经济为什么会发展？

思想家都是研究最根本的问题，我们立正学，走正道，也希望自己能养成研究根本问题，一切从原点出发的思维习惯。

经济为什么会发展呢？我们每天都想发展经济，但我们只有搞清楚经济为什么会发展，才能发展经济，对不对？熊彼特的结论是：经济本身并不会发展！经济发展是经济以外的现象拖动带来的，这种现象，就是企业家的创新。是企业家的创新，推动了经济发展。

那经济本身是怎样的呢？熊彼特说，经济本身就是循环流转，刚好够用就行。就像农业社会，1000年经济也没发展，但是，到了工业革命，蒸汽机出现，经济噌噌噌地发展了。

那么，蒸汽机的发明，是不是创新呢？

按熊彼特的理论，科学发明不是创新，只有当一个企业家将这个发明用于建立一个新的商业组合，这才是创新。也许现在已经有比蒸汽机还伟大的东西被发明出来了，但是还没有一个企业家发现它，并且把它用于建立一个新的商业组合，它就还没能成为一个创新。

那么，什么是企业家呢？

熊彼特说，一个人在他创新的时候，就是企业家。也就是说，企业家＝创新。

熊彼特说：

"创新是建立一种新的组合，新组合意味着对旧组合通过竞争加以消灭。我们把新组合的实现称为'企业'，把职能是实现新组合的人们称为企业家。

"只有实现新组合才构成一个企业家，我们的概念比传统的要狭窄一些，并不包括各个厂商的所有头目、经理、工业家，他们只是经营已经建立起来的企业。

"企业家的职能是把生产要素组合起来，把它们带到一起，因为只有在要素第一次组合时，这才是一次特殊的行动——而在经营一个企业的过程中去做时，这只是例行的工作。

"马歇尔对企业家的定义，只是把企业家职能看作最广义说的'管理'，我们不接受这个定义，就是因为他没有把我们认为的主要点表达出来，而这是使企业家活动与其他活动具体分开的唯一要点。每一个人，只有当他实际上'实现新组合'时才是一个企业家，一旦他安定下来，像其他人一样经营他的企业的时候，他就失去了这个资格。因此，任何一个人在他几十年的经营活动生涯中，很少能总是一个企业家。

"由于充当企业家并不是一个职业，一般说也不是一种持久的状况，所以企业家并不形成一个专门意义上的阶层。"

注意这一段熊彼特对企业家的定义，企业家不是一个身份，而是一种创新的状态。总经理不一定是企业家，董事长也不一定是企业家，只有当他创新的时候，他才是企业家。李总2017年创新了，2017年的李总就是企业家；李总2018年没有创新，只是像其他普通企业领导者一样经营企业，2018年的他就不能被称为企业家了。

有一本杂志叫《中国企业家》，封面有一句口号："一个阶层的生意与生活。"熊彼特专门说了，企业家不是一个身份，也不是一个阶层。"中国企业家"却称其为一个阶层，按熊彼特的定义，它最多可以叫"中国企业主"，而不是企业家。熊彼特对企业家的定义，真是用心良苦，要将他们从一个"阶层"这样的政治标签中捞出来，他们却自己又钻进去了。

怎么捞出来呢？这里涉及对企业家和资本家的分别，以及对"利润"的定义。

前面我们说了，熊彼特定义了三个词：企业家、创新和利润。下面我们就讲讲，什么是利润。

熊彼特说，只有创新才能获得利润，利润只有一种，就是企业家利润，只有企业家才能获得利润。

之前的理论，不是说资本家获得利润吗？熊彼特说，资本家得不到利润，资本家只能得到利息。他出售资本，当然只能获得利息。是企业家获得利润，是企业家雇用资本家。

之前的理论，是资本家租赁土地，购买生产资料，雇用劳动力，然后生产经营，获得利润。熊彼特在这些生产要素之上，增加了一个最高角色，不是资本家，是企业家，企业家租赁土地，购买生产资料，雇用资本，雇用劳动力，建立新的生产组合，通过创新获得利润。

是企业家雇用资本家，在1912年，熊彼特提出了这个理论。到了100年后的今天，这种情况越来越明显了。我们的A轮融资、B轮融资、上市融资，不就是企业家雇用资本吗？企业家只需要拿一个商业计划书——也就是创新计划书——就可以去向投资者融资。而且，企业家可以以很少的股权，要求董事会授予自己全部的控制权、决策权，像马云、刘强东一样。这不就是企业家在雇用资本家吗？

所以，资本家挺可怜的，我们不要搞他们了。企业家才是掌大权、赚大钱的人。

但是，创新所能获得的利润总是短暂的，因为竞争对手会很快模仿赶上来，然后，之前的利润又没有了。企业家必须再度创新，不断地创新，才能保证他的利润。而《经济发展理论》说，经济发展是由企业家的创新推动的。

那么，我们这个社会不是应该像爱护我们的眼睛一样爱护企业家呢？

所以，熊彼特的企业家理论，真的是今天中国企业界最需要的企业家理论。而之前科斯的交易成本原理、德鲁克的社会职能原理，则是今天中国最需要的企业理论。

我们的社会，我们的改革开放，需要企业理论和企业家理论。而我们作为企业，作为企业家，更加需要社会有共识的企业理论和企业家理论，这也是我归纳总结这"企业三大原理"的"良苦用心"了。

接着讨论"利润"的问题。熊彼特说只有创新才能获得利润，那么问题来了，大多数企业没有创新，但是也有利润啊，只是利润比较微薄，年年难过年年过而已。

熊彼特说：没有创新获得的微薄利润不是利润，是社会付给企业的"管理者工资"。

比如你是做凳子的，没有创新，不给你利润吧，明年没人生产凳子了。给你利润吧，用不着给那么多，反正谁都能做。所以，社会就付给你一点管理者工资，让你还能维持再生产。

这个定义的划分，对于企业和社会，都有重大的指导意义。

对于我们企业来说，很明确地把企业分成了两种：一种是领取社会付给的管理者工资的，一种是赚取创新利润的。你是要做哪一种呢？如果是领管理者工资，赚到的钱肯定是越来越少，而且朝不保夕。只有创新，才能逃离竞争射程，获得创新溢价和利润。当我们哀叹"大环境不好""实体经济艰难"的时候，实际上是自己没创新而已。当我们惊呼市场变化太快的时候，那是别人创新了。所以，不要老去研究什么市场变化，而是要做那个让市场变化的创新企业。就像熊彼特说的，经济本身不会发展，是企业家的创新推动了经济发展。同理，市场本身不会变化，消费者的需求也不会变化，是企业家的创新改变了消费者的需求，也改变了市场。在乔布斯之前，消费者哪有对智能手机的需求呢？消费者根本就不知道有这种东西。所谓研究消费需求的变化，就是因为自己没有创新，而是在研究别人的创新在市场上形成的结果，那已经落后了一万步了。

西贝董事长贾国龙有一句话："只管把东西做好，钱不够，找顾客要！"

这就是一种决心和自信。

反之，如果你跟人拼价格，价格永远像自由落体一样滑向成本，利润比纸片还薄，就是命比纸薄。

所以，创新是我们唯一该做的事。如果不能创新，那不搞企业也罢。

从熊彼特的利润理论来说，如果只有创新能带来利润，而且创新带来的利润是短暂的，因为很快会被竞争对手模仿赶上，而导致利润消失，同时，又是企业家的创新在推动经济的发展，那么，我们是不是也不该仇视企业家获得的利润了呢？

接下来，我们说说创新的方法论。熊彼特提出了五个创新：

1. 采用一种新的产品，或者给一种老产品赋予一种新的特性。
2. 采用一种新的生产方法。
3. 开辟一个新的市场，这个市场以前可能存在也可能不存在。
4. 采用一种新的原材料，或者原材料或半成品的新的供应来源，同样不管这种供应来源是已经存在的，还是第一次创造出来的。
5. 实现一种新的商业组合，形成或打破一种垄断。

这五个创新，可以就是我们创新会议的讨论目录，要讨论下一步如何创新的时候，我们就照着这五条，一条一条地讨论。

第一条，新产品，或产品的新特性。以西贝莜面村为例，西贝从2014年到2018年的飞跃式发展，就源自产品的创新，从过去3000平方米的大店，到300平方米、400平方米的小店；从100多道菜的大菜单，到只供应30道、40道菜的小菜单。贾国龙当时称这种模式为"休闲正餐"，意思是介于正餐和快餐之间。正是这一个比原来更"轻"的模式的成功，带来了之后5年的快速复制和扩张。如果是之前3000平方米的大店，就没有这个扩张的条件。

第二条，采用一种新的生产方法。西贝从大店到小店，生产也从大厨房转向中央厨房加店面小厨房，这就是新的生产方法。海底捞在北京开设第一家智慧餐厅——机器人餐厅——

第一步主要体现为后厨的自动化和机器人传菜员。这是新的生产方法，将改变餐饮业的成本结构，同时，这种生产方法的创新，还会制造出行业新分工、新产业——海底捞的自动化后厨是由海底捞和松下的合资公司开发的，这家公司以后可能发展成为专业的智能厨房供应商。今天去西贝吃饭，你会发现炒菜比较少，因为炒菜不能在中央厨房完成，对现场厨师的要求高，而且不容易控制出品质量的一致性。所以，我想未来几年很快会有炒菜机研发成功。

第三条，开辟一个新的市场。足力健老人鞋，开辟了老人鞋这个新的市场。这不是一个简单的营销定位，而是市场创新之后的产品创新，以大量的脚型数据为基础，制作自己的鞋楦，针对中国人年龄大了之后足弓塌陷、前脚掌变宽的问题，足力健的鞋将脚在足弓处固定，在脚掌前却很宽松，这样既跟脚，又不夹脚，穿着舒适，走路有劲。

第四条，采用一种新的原材料或供应来源。这个非常普遍，肯帝亚超级地板，就是用PVC材料做地板，实现"敢说0甲醛，铺好就能搬"。

第五条，实现一种新的商业组合。比如绝味鸭脖。绝味是新鲜直送的鸭脖，在全国有23家工厂，1万家门店。由此，也形成了全国最大的冷链物流网。在此基础上，它建立了一个新的商业组合，成立了一家投资基金，叫网聚资本，专门投资熟食连锁。比如你是做鸡翅膀的，或者做猪耳朵的，要去某城市开店，你必须在该城市同时开设足够多的店，才能支撑在当地的中央厨房和冷链物流。但是，如果网聚资本投资你，你加入绝味的平台，就可以用绝味的中央厨房和冷链物流，一家店铺也可以开起来。

西贝莜面村的创新案例，我们再详细展开一下。

西贝莜面村在之前经历了两次定位策划：

第一次是定位为西北菜；

第二次是定位为烹羊专家，就是烹调羊肉的专家。

第一次没给经营带来什么好处，因为只是一个说法，没有实质性的创新。第二次则造成了很大的损失，就迅速地止损了。为什么呢？因为第二次烹羊专家不仅是改了说法，还实质性地改了产品，菜品向羊肉集中，客单价提高了，客人少了，毛利率下降了，赚钱更少了，所以就造成了损失。

2013年，华与华开始和西贝合作的时候，我们从营销4P的角度对西贝进行盘点。首先看看它当时的4P是怎么样的，我们要改善它的营销，最终得到了创新的成果。

第一个P是产品，西贝的产品是什么？是西北菜还是烹羊专家？都不是，不是说什么菜，而是那整个店。这个店是西贝的产品，有若干的包房，有大桌子，有100多道菜。

第二个P是价格，大概60元钱的客单价。

第三个P是渠道，西贝的渠道是什么？渠道就是它的店在哪里，大街就是它的渠道，因为它的店是开在大街上的。前面提到过,在大街上开一个店就是获得这个街道的流量,同时还获得了一个东西:这个街道上的广告位。一个大楼,你的大楼就是你的广告位,就是你的媒体。

第四个P是推广,就是它以前做过的草原的牛羊肉、乡野的五谷杂粮,跟《舌尖上的中国》嫁接的这样一个推广。

在我们开始要调整这个4P的时候,我们第一个要调整的是渠道,为什么?因为渠道环境发生了变化,就是shopping mall的兴起。所以西贝从2013年到现在的成功,首先是在渠道上的成功,是shopping mall这个渠道带动了西贝从2014年到2018年,这四年的高速发展。这个渠道的创新,可以对应熊彼特五个创新里面的"一个新市场",在当时来讲,shopping mall就是即将迅猛增长的一个新市场。

渠道变了,根据新的渠道,就要开发新的产品。原来开4层楼3000平方米的店,有很多的包房,是做饭局的。但是做饭局,就适应不了在shopping mall里面开店和两三个人吃饭的新的快节奏的生活形态。所以我们就把饭局,变成了随时随地可以吃一顿好饭。我们就从在大街上开3000平方米的店,变成要在shopping mall里面开发500~600平方米的没有包房的三四个人一桌的小店。

3000平方米的店有包房,600平方米的店是不是就没包房了呢?再有包房的话它的效率就降低了,包房的坪效是很低的。而且人们的生活形态也改变了,商业中心更多了,人们的活动半径实际上更小了。以前一个城市就一个商业中心，现在一个城市有很多的商业中心；以前七八个人点一大桌子菜叫下馆子，现在是中午公司附近两三个、三四个人找地方吃饭。所以shopping mall里面新店新产品的开发，是我们在2013年的重点课题。

所以当我们研究西贝的4P中的产品（Product）的时候，并不是研究它是做牛羊肉，还是做莜面，它的产品是它的店。

在2014年发生了一件事情，就是西贝北京公司的总经理王龙龙，他在财富广场租了一间288平方米的店面。当时同事们都笑话他，说咱光厨房就得300平方米，你整个店面才288平方米，这店还怎么开呀？

能怎么开？那只能不要厨房了，就变成了简单的明厨。简单的厨房就不能进行复杂的加工了，那就只能做一些在中央厨房做好，然后拿到这里简单加工就能上桌的菜。这就把菜单从100多道菜砍到了33道菜，这是产品最大的改变。用那些能够在中央厨房完成，然后在店里简单加工就可以上桌的菜。

刚开始的时候好多老顾客都投诉，怎么平常点的菜点不到了，这还是西贝吗？大家都很担心，我也是第一次接触餐饮项目，懵懵懂懂的。只有贾国龙董事长最坚决，他说如果不愿意来没关系，不愿意来的就不是我的客户。他这句话倒是很对我的胃口，因为我历来就是先放弃后选择，这是兵法的基本原则，要想得到，必先放弃。

在一次行业的交流会上，有人就问贾国龙，你是怎么样通过科学研究调研得出33道菜的决策,而不是44道菜呢?贾国龙说我也没为什么,我总得做一个决定,我就选了33道,不够我还可以再加嘛。所以很多东西都是在过程中形成的,创意和战略是在过程里不断涌现出来的,而不是说你在一开始就制订了一个详细的方案,然后按这个去执行。

认为自己一开始就能制订一个"科学的""精确的"方案,本身就是一种"知识的僭越",人的理性和智慧都有其边界,一切要在实践中修正。

我们的关键是要有正确的战略思维和在过程当中管理的战略,而不是狂妄地制定一个东西就让人去执行十年。

所以这个产品的变化就是从3000平方米的大店到300平方米的小店,从有包房到没有包房,从大圆桌到全是四个人一组的小方桌,从100多道菜到33道菜,后来又到44道菜。也正是因为有了44道的产品,才有了西贝这几年这么快速的扩张。正因为100多道菜变成了44道菜,才能够承诺"闭着眼睛点,道道都好吃",100多道菜怎么去做这个承诺呢?

这个产品的改变还没结束,每盘菜的分量也要从大分量到小分量。这不是西北菜的风格了,因为以前八个人一桌吃,那每个菜分量都要很大,现在两个人、三个人一桌吃,每个菜分量要很小,而且牛大骨要论根儿来卖。当分量变小,又论根儿来卖的时候,你想想,客单价是不是提高了?这就是贾国龙当时提出的"小吃小喝小贵"的原则。

所以，产品创新，是西贝成功的根本！

产品创新一：3000平方米到300平方米。

产品创新二：有包房到没有包房。

产品创新三：大桌到小桌。

产品创新四：130道菜到33道菜。

产品创新五：大分量变成小分量。

产品创新了，渠道创新了，生产方法也创新了，中央厨房生产，店里简单加工，实现了独特价值——闭着眼睛点，道道都好吃；实现了总成本领先，还提高了客单价。西贝成功了。

前面我们讲熊彼特创新理论，讲创新的红利是短暂的，因为竞争对手会迅速模仿学习。创新的优势就没有了，需要再次创新了。那么，西贝从2013年开始，到2014年基本成型的创新，红利期有多久呢？观察的结果是到2018年，大概持续五年时间。

五年之后，从2018年开始显现出来，到2019年比较明显，这个创新红利开始消失了，从产品创新来说，除了菜品特色还在之外，"小店、小桌、小吃、小喝、小贵"的模式被广泛模仿，不是特色了；从渠道创新来说，五年前的新市场——shopping mall——不再是一个红利市场，恰恰相反，现在shopping mall太多了，单个shopping mall内的人流下降，我们又需要寻找新的市场。

创新永无止境，因为创新的红利期很短，我们将继续努力，并且在自己的努力中学习。下一步创新怎么走，要等《华与华方法2》再来汇报了。

在创新方法论上,华与华不仅以熊彼特的理论为指导,迈克尔·波特的方法论,也是我们常用的。迈克尔·波特使用的词,不是"创新",而是"战略定位"。他说,战略定位不是简单地定位做什么,因为如果是一个单纯的定位,别人会很容易模仿,很快你的优势就没了。所以,战略定位应该是"一套独特的经营活动",这套独特的经营活动,实现三个效果:

1. **独特的价值**;
2. **总成本领先**;
3. **竞争对手难以模仿**。

在前面讲网聚资本的例子,我们已经可以看到这三个效果。对于为什么"一套独特的经营活动"让竞争对手难以模仿,迈克尔·波特说,如果是一个活动,竞争对手可能模仿你到90%,如果是六个活动,六个活动他都模仿到90%,则六个90%相乘:

$$0.9 \times 0.9 \times 0.9 \times 0.9 \times 0.9 \times 0.9 \approx 0.53$$

他就只能模仿到一半。

独特的经营活动组合,与总成本领先本身是强关联的。独特的经营活动就是独特的成本结构,不是谁比谁成本低,而是成本结构不一样带来的总成本不一样。总成本领先的公司,它可能花钱比谁都豪气,但是别人有巨大成本的地方,它根本没这个科目。

企业经营的产品可能一样,但是经营活动的组合却可能完全不同。比如绝味和周黑鸭,都是做鸭脖,但是,两家企业从生产到销售的活动都不一样。绝味是全国布局23家中央工厂，实现冷链生鲜24小时配送到点，它的产品98.3%是新鲜散装，保质期3天。周黑鸭呢，全国只有武汉、河北两家工厂，所以它的产品是气调装，保质期7天。

产品有区别，客单价也不同。绝味卖散装，客单价30元。周黑鸭卖气调装，客单价就要达到63.66元。

销售组织上，绝味是95%加盟，全国9915家门店；周黑鸭是100%直营，全国1288家门店。绝味能够发展加盟，因为它最早投入SAP信息系统，在一年只有3000万元利润的时候，就投资6000万元建立SAP系统，建设了信息化管理能力。在加盟商管理上，独创由加盟商民主选举产生的加盟商委员会，实现加盟商自治管理。这都是绝味独特的经营活动。

不同的销售组织，导致绝味和周黑鸭渠道和终端布局的不同，绝味深入全国所有城市和不同渠道；周黑鸭因为自营，主要集中在一二线城市的机场、火车站、商场等高势能店。

因为自营，销售价格按终端零售价格计算，周黑鸭毛利较高，达到57.5%。绝味按给加盟商的批发价计算收入，毛利较周黑鸭少，为34.18%。但是，2018年，绝味销售43.68亿元，同比增长13.45%；利润6.41亿元，同比增长27.69%。周黑鸭销售32.12亿元，同比下降1.15%；利润5.4亿元，同比下降29.09%。

两家企业还在一个赛道上竞争，"品类定位"都是鸭脖。但是，我们从经营活动上比较，就会发现它们的战略定位，也即经营活动的组合完全不同。周黑鸭难以模仿绝味的经营活动，而绝味比较容易进入周黑鸭的优势市场。

周黑鸭难以模仿绝味，根本还是在加盟模式和直营模式的区别，这也印证了企业第一原理——交易成本原理。直营模式内部交易成本太高，超过1000家店之后，内部交易成本的上升就超过了企业的承受能力。更何况周黑鸭客单价比绝味高，也就是说它的外部交易成本也比绝味高。

华与华另一个客户足力健老人鞋，其成功也是归功于战略定位的成功。如果仅仅是简单地定位"老人鞋"，就会迅速被人模仿，正如它成功之后催生的一大批各种老人鞋、中老年鞋，甚至传统鞋业品牌也推出老人鞋品类，市场上出现近百个老人鞋品牌。但是，它们都无法撼动足力健的地位，怎么不能撼动呢？主要是四个不能撼动：一是产品功能价值上不能撼动，二是成本领先上不能撼动，三是品牌势能上不能撼动，四是终端网络上不能撼动。足力健老人鞋，第一，不仅是一个消费者心智认知意义上的定位，而是产品科学的不同，对鞋的理解不一样，针对人进入老年之后足弓塌陷、前脚掌变宽的问题，掌握了充足的中老年人脚型数据，制作了自己的鞋楦，设计的鞋穿着非常舒适，确实是谁穿谁知道，完全不一样。第二，鞋款很少，每一款的产量非常大，由于大批量地生产，而且以自己生产为主，而不是外包，这样大幅地降低了成本。足力健将大幅降低的成本全部让利给消费者，价格定位非常低廉，比老人们平时穿的其他鞋还便宜。这个价格，就阻挡了竞争者的进入。第三，大规模的广告投放支持了大规模销售，大规模销售支持了低成本低价格，低价格又促进了销售规模。同时，压倒性的广告投入，也建立了品牌壁垒。第四，渠道上的不能撼动，足力健迅速形成了遍布全国的自营终端门店。

足力健案例荣获2019第六届华与华百万创意大奖赛第一名，
足力健董事长张京康先生出席颁奖典礼

足力健并不是在消费者心智中定位为老人鞋，也不是在商品品类上定位为老人鞋，而是在经营使命上定位为"让每一位老人都过上健康快乐的老年生活"，在事业领域定位上是"养老制造业"，未来经营的领域远远不只是老人鞋。而现阶段的战略定位，就是这一套独特的经营活动，在未来的发展中，随时可能增加新的经营活动，只要新的活动能创造独特价值，就能降低总成本。

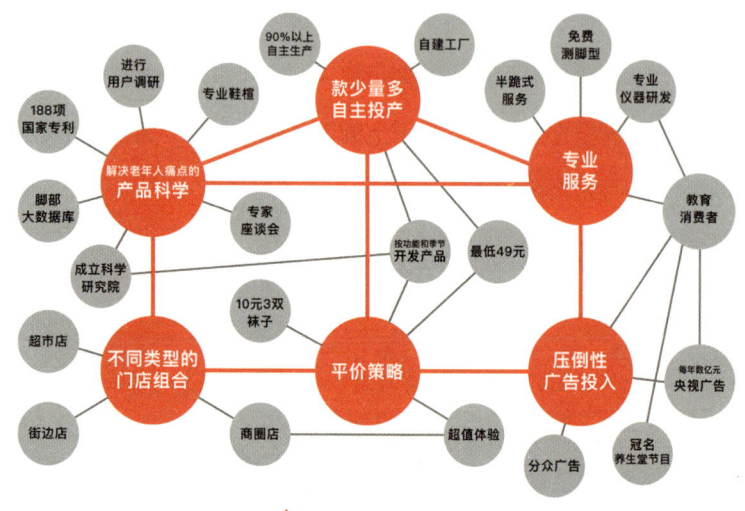

足力健老人鞋的经营活动图

足力健的经营活动组合,环环相扣,相得益彰,可以说是迈克尔·波特战略定位理论的最佳实践。但是,目前在中国传播的迈克尔·波特的竞争战略理论,却有一个关键的翻译问题,造成了很多误解。

这个关键词,就是"配称"。

在《哈佛商业评论》的翻译中,迈克尔·波特讲述经营活动组合的关键词被翻译成"战略配称"。英文是什么呢?是"strategic fit",fit是什么意思呢?最直接的翻译是"合适",或者"配合""适合""合身",咱们平时经常说的keep fit,就是健身,保持体形。fit的意思,就是战略定位,是设计一套独特的经营活动，这些经营活动是fit的，是最佳组合，是最优组合，是创造价值最大、运营成本最低的组合，是环环相扣、相得益彰的组合，是相互支持、相互促进的组合，就像足力健的研发设计、自主生产、大规模广告、自营门店网络四个经营活动的协同一样。

而翻译成"配称"之后呢，因为"配合"本身有歧义，好像居于从属地位，就造成"制定一个定位，然后用一套经营活动配称，去实现这个定位"的印象。

这就把两个思想搅在一起了。迈克尔·波特本身是反对简单化的定位思想，它不是消费者心智定位，而是企业战略定位，"配称"不是为了去实现定位，因为"配称"本身就是定位。

足力健的四个主要经营活动，不是为了实现"老人鞋"这个定位，而本身就是定位。此定位非彼定位，战略定位不是心智定位。心智定位是一个过分简单化，甚至傻瓜化的思想，它的流行，只是因为迎合了人性将一个事情简单化的冲动和妄想。而经营活动组合的战略定位，才是事物的真相，战略定位是复杂的，你知道了也没什么用，还得靠具体实践。

那么，strategic fit如果不译成"战略配称"，应该译成什么呢？还没法译成一个简单的词，我看到台湾将strategic fit翻译成"策略契合"，大陆也有经济学文献将strategic fit翻译成"战略拟合"，其他还有战略吻合、战略适应、战略匹配、战略适配等，对照这些翻译，读者可以体会到，strategic fit是一套独特的经营活动，环环相扣，相得益彰，就是"刚好合适"，是最优组合，是成本和效益的最佳状态。从这个角度来看，它可以说是一种战略上的精益，"战略精益"。

为什么想到"精益"这个词？因为fit这个单词，和丰田生产方式的JIT刚好配对。JIT是日本人发明的英文，just in time，美国人不懂这英语是什么意思，因为英语里没这个说法，日本人解释说就是各部门和各工序时间上衔接刚刚好，严丝合缝，不用窝工等待，没有闲余浪费。所以说，JIT，就是时间上的fit。

fit和JIT配对，正是迈克尔·波特所说的企业竞争力的两个来源：一个是战略上的差异化，一个是经营效率。战略上的精益就是fit，经营效率上的精益就是JIT。

迈克尔·波特说，经营效率最终都会趋同，造成"超级竞争"——就是恶性竞争的极致，只有战略上的fit，才能创造竞争优势。这一点，我的体会倒是不一样。丰田的经营效率，其他公司远远赶不上，2017年，丰田和大众汽车集团的销售收入都是2500亿美元左右，但是丰田的净利有169亿美元，大众则只有59亿美元，差不多是丰田的三分之一。二者战略上并无大的差异，技术也在同一时代，而经营效率的差距，几乎达到了三倍。为什么呢？华与华的日本管理顾问桥本正喜先生对我说："因为美国人不理解东方人知行合一的哲学和凡事彻底的精神，也不理解持续改善。"

我说华与华方法集中、西、日经营之正道，我们吸取的日本企业管理文化，就是持续改善，这是我另一本书的内容了。本书主要讲西学。

◇ 企业三大定位和华与华方法企业战略菱形模型

在中国，我们需要把"定位"这个词做认真的区辨，因为这是中国企业界，特别是营销界最大的精神迷雾和思想烟幕弹。

这首先是一个语言学问题。语言是人的第一技术，但是这个技术始终不能成熟，我们使用一样的词语，但讨论的却不是一样的意思。维特根斯坦说："词语的游戏规则在语言游戏中建立，也在语言游戏中修改。当我们交谈的时候，我时常感到需要把词语从我们的交谈中抽离出去，送去清洗，清洗干净后，再送回我们的交谈中。"我们的交流，往往是语言相通，词语不通，同一个词，大家定义都不一样。对词语的定义不同，不仅体现在一些政治性的词语上，比如民主、自由、公平、正义，每个国家都认同，而定义的意思和实现的路径却大相径庭。在社会科学的所有领域，都普遍存在这样的情况，比如我们开会讨论品牌、营销、定位、战略，每个人词都说得挺溜，但那词怎么定义可是从来没有一个共同的清晰界定。

具体就"定位"而言，目前在中国企业界影响最大的有两个"定位"，一是特劳特的"心智定位"，属于传播的范畴，相当于"独特的销售主张"，并不在战略领域。迈克尔·波特是战略家，他的"战略定位"则是定义为一组独特的经营活动，而不是品类上的定位。

战略本身是实践，是一个过程，有一些基本原则和观念，但是并没有一个公式。企业可以在战略咨询公司的"战略商店"里去采购一个"战略"。但是，战略本身是动态的，十年战略并不是能管十年，它也只是管到你下一次制定新战略的时候。死守一个战略，"坚决执行"，本身就是一种盲目，是一种战略上的鸵鸟政策，有巨大的风险。相反，一些基业长青的公司，如GE，甚至会每20年就将业务来一次大换血。

战略也没有公式，比如一组经营活动的最佳组合，选择做哪些活动，不做哪些活动，是战略选择问题，是价值创造问题，也是管理会计问题——总成本领先本身是管理会计的作业成本法，作业决定成本。同时，也是企业基因问题，那个活动你可能"该"做，但是没有那个基因，你就是做不了。

还有最根本的，是经营使命问题，企业价值观问题，不符合你的使命，不符合价值观，也可能不做。这是永恒的哲学问题和人生选择，只能一企一策，一事一议。

至于华与华方法的定位，我们讲三个层次的定位：

第一定位，是经营使命定位。这是定位我为社会解决什么问题，也是社会分工定位，定位自己一生的使命。

第二定位，是业务战略定位。我的业务是什么？我提供哪些产品和服务？就是在华与华"三位一体"战略模型里的企业战略，用一套产品和服务，去解决社会问题。

第三定位，是经营活动定位。就是迈克尔·波特的战略定位，是一套独特的经营活动组合，实现独特价值，总成本领先和竞争对手难以模仿。

词语太多太乱太模糊，边界不清，难以选择。很多时候，同一个词，表达的意思却完全不同，再经过翻译，那译者也是到处找词。结果呢，就不是"差之毫厘，失之千里"，而是"毫厘不差，失之千里"，比如特劳特的"定位"和迈克尔·波特的"定位"，特劳特的"竞争"和迈克尔·波特的"竞争"。所以我把迈克尔·波特的"战略定位"，改为"经营活动定位"。你也可以不去管他们的理论，都当成华与华方法就好了。我讲解他们的理论，只是记录自己学习研究的过程，也帮助读者厘清目前流行的一些战略观念。

最终我选择经营使命、业务战略、经营活动这三个词，作为华与华方法的企业三大定位。

第三定位支持第二定位，第二定位实现第一定位，第一定位是最终目的，始终服务于社会的目的，这是本质。

将之前的华与华方法企业战略"三位一体"图和经营活动组合对战略"三位一体"的支撑联系起来，就得到华与华企业战略菱形模型。可以说，这是我们学习科斯+德鲁克+熊彼特+迈克尔·波特的成果了。所有的理都是一个理，就是儒家说的"理一分殊，一理万殊"，为往圣继绝学，融会贯通的结果，就是这样：

企业战略菱形模型

企业三大定位，是相互影响的。我们以足力健为例。足力健创办的契机是创始人张京康回到家乡村子里，发现很多老人不愿意穿鞋，不愿意出门，发现老人足部变形，穿鞋很痛苦。一个社会问题，就是一个商业机会。他就定下让天下老人穿上专业的老人鞋的经营使命，发掘了老人鞋的商机。这是他的经营使命定位。

为了实现这个使命，解决老人穿鞋的问题，他的业务战略定位，就是老人鞋研发、设计、生产制造和销售。

围绕如何支持实现这一产品和服务，就形成了经营活动组合的战略定位。

经过五年的创业，足力健获得了巨大的成功，不仅是消费市场的成功，而且在政策市场、资本市场、人才市场、公民社会都获得广泛的关注，也就是华与华方法所说"五个市场"的全面成功。足力健也成为老年消费者的流量平台，更大的经营疆域就在企业家面前展开了。

2019年，张京康将经营使命从"让每一位老人都穿上专业老人鞋"，改为"让每一位老人都过上健康快乐的老年生活"。业务战略改为"老年制造业"，进军足疗机和养老机器人。

是否进军新的业务领域，选择标准并不是心智定位，也不是简单的多元化还是专业化，而是第三定位，经营活动组合问题，就是你的经营活动的增减，有没有创造价值，有没有降低总成本，有没有提高竞争对手模仿难度。

我们再从企业三大原理的角度来看足力健这个案例，这就是企业第一原理所说的内部交易成本和外部交易成本的降低。把哪些活动放在内部，把哪些活动放在外部，增加哪些活动，减少哪些活动，都是以成本来考量，是管理会计问题。这也是企业第二原理，解决社会问题，问题扩展了，解决方案就发展了。这也是第三原理，创新利润原理，再造一个新的商业组合。

迈克尔·波特的一组独特的商业活动，就是熊彼特的创新商业组合，你也可以用其他的理论，比如商业模式的理论去解释。

所有的道理都是一个道理，但是，不同的理论从不同的角度去讲述，学多了，学乱了，反而越来越糊涂。如何才能让自己头脑清楚，就是知行合一、致良知的功夫，这样才能拆除各种思想烟幕弹，吹散精神迷雾，给自己的脑海一片蓝蓝的天空。

德鲁克+熊彼特+迈克尔·波特,一个社会问题,五个创新,一组活动,三个效果,是华与华制定企业战略的方法论。对华与华自己的战略思考和规划,也是按这个思维路径进行的。言行一致,知行合一。下面,我分享一下华与华自己的实践。

首先,华与华的第一定位:华与华解决什么社会问题呢?华与华的经营使命定位,就是一句话:

让企业少走弯路。

作为咨询公司,我们不是以让企业成功为使命,因为我的观念,成功的人,遇上谁他都能成功,而且遇上谁,本身也是他的选择。不能成功的人呢,谁也帮不了他,你给他金子,他也当狗屎扔进垃圾桶。

少走弯路,是我们最基础的价值观。最高的效率是不返工,最快的进步是不退步。让企业少走弯路,也是让企业少犯错误。而企业家,或者说人性的弱点,走弯路的原因,就是三大病根:

1. 侥幸心理,总是一厢情愿。

2. 贪巧求速,致力拔苗助长。

3. 频频动作,都是权宜之计。

成天嘴上挂着"弯道超车",就是翻车的原因。

要解决这一问题,就必须有一套哲学,这就是华与华方法,我称之为集中、西、日之正道——孔孟王道、阳明心学、孙子兵法、科斯、熊彼特、德鲁克、迈克尔·波特、丰田生产方式、持续改善——这就是华与华方法的"道统",就像孔子的"祖述尧舜,宪章文武"一样,述而不作,借述而作,为往圣继绝学,为后世开太平。

华与华的第二定位,业务战略定位,产品和服务,"让企业少走弯路"的解决方案,就是咨询服务、华与华文库、华与华商学院课程、华与华百万创意大奖赛四大业务。

咨询服务,是华与华的"战略营销品牌创意咨询",华与华=战略咨询公司+产品开发公司+广告公司,为客户提供企业战略、新产品开发创意、品牌战略、营销策划、包装设计、广告创意等一系列全案服务,基于我们"所有的事都是一件事"的思想,在一个系统,用一个团队,将以上所有事情一次做全,一次做对,解决"让企业少走弯路"的问题。

为了建立这一套哲学和思想,写作本身是我的第二项经营活动,如今已经完成出版的《华杉讲透〈孙子兵法〉》《华杉讲透〈论语〉》《华杉讲透〈孟子〉》《华杉讲透〈大学中庸〉》《华杉讲透王阳明〈传习录〉》,就是对孔孟王道、阳明心学、孙子兵法的哲学和思想体系的梳理。

第三个业务是华与华商学院,目前只有短期课程,未来会朝战略营销品牌方面的商学院孵化,也就是说,这是华与华的新业务,也是从B2B走向B2C。

第四个业务是华与华百万创意大奖赛,这是华与华内部的创意比赛活动,2014年开始每年一届,到2019年第六届,开始对外销售门票，成为公开赛事，但参赛项目限于华与华公司内部案例，未来也可孵化为全球性品牌营销赛事。

这四项产品和服务，就是"让企业少走弯路"的解决方案。

支撑这四项产品和服务的经营活动组合，也是非常独特、非常fit的，就是环环相扣，相得益彰。

华与华砍掉了同行业最大的一个业务部门，就是客户部，华与华是一家没有AE的广告公司。这一个作业的舍弃，至少砍掉了公司三分之一的人员规模和成本。这些成本的节省，全部投入广告，让华与华成为中国广告投放量最大的品牌策划公司。每年有好的案例，又有大广告量，客户就自己上门了。我们接新客户，就只有一个工作——接电话。接电话也没有专人，由各合伙人团队轮流接。接到电话，客户说："我们希望与华与华合作，请你们派人来和我们谈一下吧！"

我们不去，一定要客户自己来，只有签约付款开始工作后，我们才会去客户那里。为什么呢？如果我们去，得两个人飞过去，来回两天。如果客户来，我们花两小时面谈就可以了。成本相差很大！找我们的人那么多，如果说人家一招呼我们就去，公司人员规模可能马上就得扩大一倍。而打电话来的人未必真有诚意，成功率也不一定高。

定下来不去，就是原则，不管谁请都不去，不要区别对待。

还有一个问题，如果我们的人要去谈新客户，肯定不能派低级别的人，一定派高级别的人。那就变成我们高级别的人每天都在跑新客户，那谁来为已经签约给我们钱，正在进行的项目服务呢？这就进入恶性循环。

所以，在华与华，我们对"客户"这个词也有一个定义——就是"已经付钱的人"。人家付了钱，我们就对人家有义务。如果还没付钱，不管它是多显赫的公司，我对它没义务。这不是理所当然的吗？

有人说，你们这样太傲娇了。其实真不是，我们希望通过积累我们的信誉，让所有客户做到"闭着眼睛签，付了钱再说"，这样，双方交易成本都低。

在华与华的广告宣传上，打着九个大字："不投标，不比稿，不行贿。"有人说，你们这样做不了政府客户，做不了必须有投标流程的"大公司"。这完全不是问题啊！战略本身就是选择不做什么事，不做什么客户。后来，我把"不投标，不比稿，不行贿"改成"不投标，不行贿，不拖款"，因为投标和比稿本身有重复，另外是突显不拖款的价值观，我从来不拖欠任何供应商一分钱，都是要求财务提前三天付款，我也受不了客户拖欠华与华咨询费。

又有人问："你们华与华这样的公司，肯定是挑客户做，不是什么客户都接吧？"我回答说："是的，我们有非常严格的标准，总结下来就是四个字：给钱就干！"

是的，只要没有法律风险、道德风险，或者觉得对方的想法实在不靠谱，我们的原则就是给钱就干，不会觉得要跟谁门当户对。付钱的人最真诚，我们收钱的最负责，这就是天生一对了。

华与华客户关系三句话：给钱就干，不给钱不干，什么时候给钱什么时候干。这就是管理会计，就是同时降低内部交易成本和外部交易成本。

不上客户门去谈业务，就是来自《礼记·曲礼》："礼闻来学，不闻往教。"给钱就干，就是《论语》孔子的话："自行束脩以上，吾未尝无诲焉。"

我毫不担心接不到"有投标流程的公司"的业务，相反，在华与华发生过这样的事：我们的客户"规范"了，建立投标流程了，要求所有采购必须经过招投标流程。我们马上退出，不再续约。为什么？因为我要捍卫我的原则，不能让"华与华"的名字出现在任何一个招投标公告上。不参加招投标并不是傲娇，而是一个业务活动取舍的战略选择。因为一旦接受招投标，整个公司的运营活动和成本结构都要变了，就打开了潘多拉的魔盒，启动了恶性循环。

我也相信随着时间的推移，所有公司都会接受华与华无须投标。这其实没什么大不了，它们都请品牌代言人，从来没有公司有制度要求各个电影明星来投标，它们都是自己想好了找谁，就直接去找谁。

所以，任何要求我们投标的公司，都不值得我们替它服务，这是原则，是价值观，是战略定位，是独特的经营活动组合，是管理会计问题。

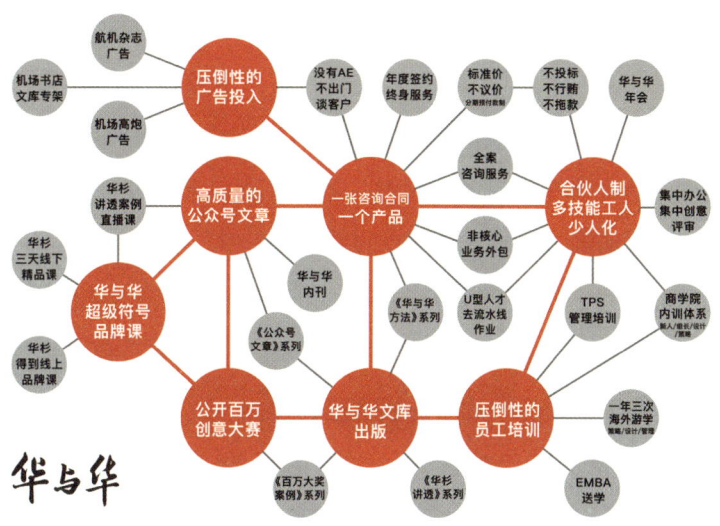

华与华的经营活动图

任何问题，都要从哲学上思考。哲学思考的三大基石，就是词语、因果和逻辑。首先是清洗词语，给每一个词语清晰的边界定义，这个词语才能使用。然后是用逻辑推进，探求因果，找到真因。因果关系是世界最基础的关系，每一件事情，必有其原因，原因又有其原因，无限追溯，找到真因，才能根据自己追求而设定的结果，规划行动。我们犯错误，根本原因就是没有找到真因，失败了找不到真因，成功了也不知道自己是怎么成功的，总结经验，得到的全是误会，就将错就错，铸成大错。

词语、因果、逻辑，是智慧的基础，而基础的基础，又在于词语。清洗词语,是思考之前必做的事,前面我们清洗了"定位"和"配称"两个词,我们还要继续清洗,清洗一下"竞争"这个词。实际上,我们所有的词语都需要不断清洗,我也无法在本书中都给它清洗一遍,不过,希望我的词语清洗示范,能给读者带来清洗词语的意识和习惯。

前面我们比较了特劳特的定位和迈克尔·波特的定位。

完整地说,是"特劳特基于竞争导向的顾客心智定位"和"迈克尔·波特竞争战略的战略定位"。

前面我们已经清洗过了,特劳特的"定位"不是迈克尔·波特的"定位",特劳特的"定位",是在顾客心智中占领一个词语,是宣传手法。迈克尔·波特的战略定位,是设计一套独特的经营活动,可以说更类似设计一个商业模式,两者使用同一个词语,毫厘不差,却失之千里。

接下来我要说的是两者的"竞争",也完全不是一个意思,特劳特的竞争,更符合大家习惯的狭义的竞争的含义,而迈克尔·波特的竞争战略,根本不是竞争,更准确地说,应该是一种博弈战略。

为什么这样讲?因为我对他的竞争战略知行合一,可以说就是按他的理论来做事的。一组独特的经营活动组合,在华与华的实践,前面已经介绍过了,下面我再介绍一下他竞争战略的核心工具——五力模型——我们已经在华与华自己以及华与华的客户案例上运用过了。

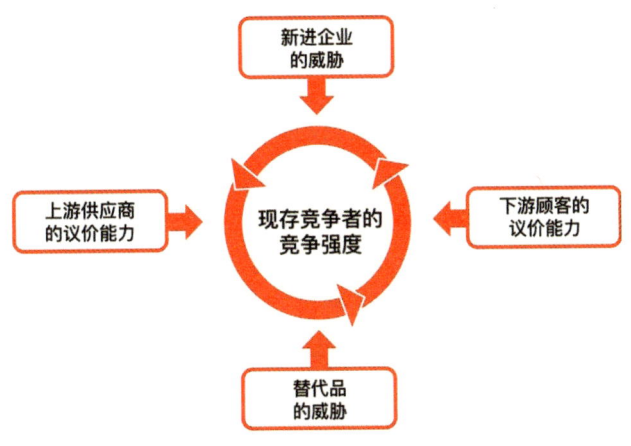

迈克尔·波特五力模型

迈克尔·波特开宗明义：竞争的目的，不是为了打败对手，而是为了获得利润。而影响企业获利的，有五个力，这就是五力模型。这五个力，一是现有竞争对手的影响，二是对下游的议价能力，三是对上游的议价能力，四是新进入者的影响，五是替代者的影响。

所以，五力模型与其说是一种竞争模型，不如说是一个五力博弈模型。企业战略，就是和这五个方面的博弈。或者说，主要是和这五个方面的博弈。

先说对下游的议价能力，如果我们能提价20%，利润可能翻了几倍了，还管什么谁跟我"竞争"！反过来，如果被逼降价20%，企业可能根本无法生存。所以，对下游的议价能力，往往比谁跟谁"竞争"重要得多。

比如餐饮业，对下游的议价能力本来是很强的，菜单明码标价，打不打折是餐厅说了算。但是这几年出来一些外卖服务平台，插在餐厅和顾客之间，议价能力就从餐厅转移到外卖平台上了。外卖平台要求餐厅打折，打7折，还要抽成20%，那餐厅100元的收入，就变成了56元，还怎么挣钱呢？

大家以为富可敌国的房地产公司，现在也遇到了这个问题，被中介公司掐住了脖子。本来房地产公司和顾客之间的博弈，顾客是没有议价能力的，但是顾客通过中介公司集合在一起，就具备了强大的议价能力，要求房地产公司打折，房地产公司就成了给中介公司打工的了。盖房子的没有卖房子的赚得多。究其原因，都是房地产公司在早期的时候没有投资自己的品牌，建立自己的流量主权，而是偷懒，从中介公司买流量，一步步把自己的命运交给了中介公司掌握。

2004年，华与华和晨光文具合作的时候，晨光就面临和上下游的议价能力问题。上游，是掌握核心技术的球珠和油墨公司，都是瑞士或日本企业，它们议价能力强，利润高。下游，是零售文具店，毛利也很高。而中间的制造商呢，号称掌握品牌，实际上利薄如纸，一支笔几毛钱人家还嫌贵。晨光文具当时面临两个选择：一个是往上游，收购球珠或油墨公司；一个是往下游，控制零售。晨光选择了往下游发展，通过控制零售，发展成为中国最大的文具企业。

2019年，华与华为洽洽每日坚果提出"掌握关键保鲜技术"的战略，当年该产品销售增长了100%，利润增长了37%。而我所看重的，不是我们增长了多少，而是当年洽洽没有参与坚果业的价格战。也就是说，我们的策略，提高了洽洽对顾客的议价能力。

再说对上游的议价能力，如果能让上游降价，我们的利润不也可以提高吗？反之，如果原材料涨价，企业的利润也全被吃掉了。这都是经常发生的事情，你如何在战略上，在博弈策略上，避免这样的事呢？特别是企业规模大了，又高度依赖某一项原料之后，就很容易被上游控制，失去议价能力。在这方面，客户不允许我们写，因为影响他们的博弈。

这是第二个力的博弈，对上游的议价能力。

第三个力，新进入者。你必须得关注新进入者，如果是这里钱多、人傻、速来，就会迅速有新进入者涌入。比如小米、华为手机为什么成功？关键是有苹果的高定价。在相当长的时间，苹果的利润都占全球所有手机厂商利润的90%以上。如果苹果一出来就定价3000元，就没有后来的小米、华为了。

就我自己而言，华与华的战略博弈，我最关注的就是阻挡新进入者。谁是对华与华威胁最大的新进入者呢？就是华与华内部的员工，特别是跟我时间特别长的，对华与华方法掌握得最好的，他们就是潜在的新进入者，比所谓"同行""竞争对手"对公司的威胁要大得多。因为"同行"根本就是一个假设，我实际上不认为自己有"同行"，只是和其他一些其实也各不相同的公司，被部分客户放在可以相互替代的选择序列里。这个，放在第四个力的时候再讲。

华与华内部员工出去创业，和华与华一样向市场提供同样的服务，这才是公司最大的威胁。也就是说，对于咨询公司，最大的竞争威胁，是内部人创业，成为新进入者。

如何防范这些新进入者呢？主要靠两个定价，第一个定价是咨询服务的对外定价，不能太高，高到品牌溢价不能覆盖，就会给新进入者创造空间。所以华与华的定价，虽然在市场上不算低，但是相对于我们的市场地位和顾客预期，实际上低于我们大部分顾客的支付意愿。低于顾客支付意愿的原因也有两个：一是我阻挡新进入者的战略，二是华与华终身服务的经营理念。我们给客户定的价格，都是他从今往后可以终身每年支付也不心疼的价格，不是找大师赌一次命运转折的价格。

第二个定价，是对员工的定价，特别是对高价值员工的定价，一定要覆盖他的创业机会。这就是合伙人制，也就是说，留在华与华干，比自己出去干挣钱更多。我心目中中国最成功的公司，是海底捞，海底捞就做到了让经理层留在海底捞干，比自己出去创业挣钱更多。

除了收入，还有待遇，商务舱机票、五星级酒店、平时公司活动的排场，都是防止员工创业的措施。人性的弱点，由俭入奢易，由奢入俭难。如果习惯了高大上的生活，再去创业，不一定能成功，成功也和现状没多大差距，那人就没必要去创业了，他就有恒产、有恒心了。

这是爱的博弈。

有一次西贝董事长贾国龙跟我说:"做企业好玩,与天斗,与地斗,与人斗,其乐无穷!你不要把我这个'斗'字当负面的词儿,咱们养育孩子,也是从小就跟他'斗'!经营者与天斗,天,就是市场,就是顾客;与地斗,地,就是同行,竞争对手;与人斗,人,就是这帮高管!"

贾国龙说的"斗",就是博弈,爱的博弈,或者说是童话《小王子》里的"驯养",人与人之间的关系,相互驯养,就是爱与责任。

第四个力,替代者。数码相机替代了胶卷,手机又替代了数码相机。毁灭你,与你无关,就是替代。所以这个替代者,是防不胜防。如何防备替代者呢?没法防备,因为替代者你不知道从哪里冒出来。对替代的博弈,一是毫不犹豫地自己替代自己,二是思考如何替代别人。华与华形成的服务,已经可以部分替代战略咨询公司,替代广告公司,替代设计公司,还可以替代培训机构、商学院。创新本身就是对现有服务的一种替代,这也是我们战略扩张的方式。

第五个力,五力模型中间那个,现有竞争者。这是最迷惑人的地方,就是过度关注竞争。我曾经说,竞争的关键在于关注顾客,不在于关注对手。经营的关键在于定价权,你只要有了定价权,就有了对下游的议价能力,根本就无所谓什么竞争，没人能跟你竞争。竞争只有在产品同质化的前提下才存在。你只要产品跟别人不一样，就没有竞争。但是人性的弱点呢，总是不关注谁给他饭碗，总是觉得别人抢了他的饭碗。

我们和竞争对手，到底是什么关系呢？应该是"模仿与反模仿"的关系。模仿，是一人创新，万众模仿，看见谁有了什么好主意，基本上都是全行业群起而模仿之。模仿，而不是差异化，才是社会的主旋律。1890年，法国社会学家塔尔德写过一本名著，叫《模仿率》，说一切社会行为都是人与人之间的相互模仿，善与人同，见贤思齐，才是社会进步的原动力。反模仿呢，就是我创新之后，要提高对手的模仿难度，延长我的创新红利期。提高模仿难度的方法，就是迈克尔·波特的strategic fit理论，用一组独特的经营活动的组合，来提高模仿门槛。

我在中欧商学院念EMBA的时候，听吕鸿德教授的战略课，有同学问他关于特劳特定位理论的问题，他回答说："定位是竞争战略的一种，适合于产品同质化的情况。"我觉得他的回答非常精确，当你自己没有创新，就有了竞争。当你创新了，竞争就消失了。

◇ 华与华围棋模型

为往圣继绝学,讲完五力模型,下面再讲讲华与华其他的一些战略思维模型。

围棋是中国人的游戏,围棋思维是中国人的战略思维方式!

企业家好比一个将军,每一个产品,每一块业务,就像是一支军队。在战场上,我们的目标是全面胜利,而每一支部队有不同的战斗任务,有投入战场的先后次序。

克劳塞维茨说:"所有的会战都是为了最后的决战。"粟裕说:"第一次战斗要为第二次战斗创造条件。"

所以,要把每一次会战的次序安排好。

我们说业务组合和产品结构,构成了社会问题的解决方案。我们设计出业务组合和产品结构,就是规划出了解决方案。但是,当我们规划出解决方案的时候,我们并不拥有所有这些产品和业务,还需要研发和并购,这里有一个过程。就像我们说的,360转型互联网安全之后,收购了网神、网康,逐步搭建起新的产品结构,再一个个把它们推向市场。

这就相当于我要建设一座城市,得先有一个战略,这个城市发展什么产业,吸引哪些人口,然后根据我的战略,做出城市规划。这个规划,就是城市的"产品结构规划"。规划完成之后,要有开发策略,从哪里启动,这是启动策略。然后有近期发展规划、中期发展规划、远期发展规划,这是一个投资建设的次序。次序不同，则投资策略不同，需要的资源不同，承担的风险也不同。

所以我们也说："产品结构就是企业战略路线图。"

我形成这个思想的时间很早，应该说是在1999年，我就希望在益佰制药的克刻品牌上实现这个战略。

在克刻上呼吸道感染药品品类战略规划中，我们规划了咳嗽药、感冒药、发烧药三个大类，我们的路线图是什么呢？从第一个咳嗽药——克咳胶囊——开始投入市场，并投资广告。在克咳胶囊的广告里，我们用了一个"Ke~Ke~"的唱音作为品牌声音符号。那么克咳胶囊的战略任务就是成功占领市场，并且建立"KeKe"品牌。

第二步，注册"克刻"商标，从"克咳胶囊"产品变成"克刻"品牌——声音符号都是"Ke~Ke~"。然后，克咳胶囊变成了克刻牌克咳胶囊，推出"克咳，专业镇咳"的克刻牌第二个产品——克刻牌小儿止咳糖浆。为什么推克刻牌小儿止咳糖浆？因为这一步最容易走，一个咳嗽药品牌推出一个儿童药品种，相当于是边际效益的放大，所以很容易就成功了。克刻牌小儿止咳糖浆的战略任务，是建立"克刻家族"的品牌。"Ke~Ke~"也从克咳胶囊品种品牌声音符号，转换为克刻品类品牌声音符号了。

第三步，推出克刻牌感冒止咳糖浆，它的战略任务，是将克刻品牌价值放大到感冒药的范畴。

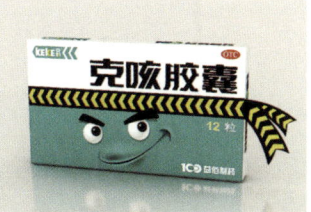

"功夫克刻"是专门为克刻品牌打造的动漫卡通形象
Kongfu KEKE, an animated cartoon image created for KEKE Brand.

克刻品牌

这种战略思维方式,我们称之为"华与华围棋模型"。我写了一首打油诗:

战略就是下围棋,金角银边草肚皮。
金角占据制高点,银边拉出包围圈。
目标指向草肚皮,天下归心成大局。

在围棋棋盘的中间,我画了一把镰刀,称之为"战略镰刀"。用战略布局建立品类品牌,最后在整个品类收割草肚皮,获得边际效益的最大化——草肚皮效益。

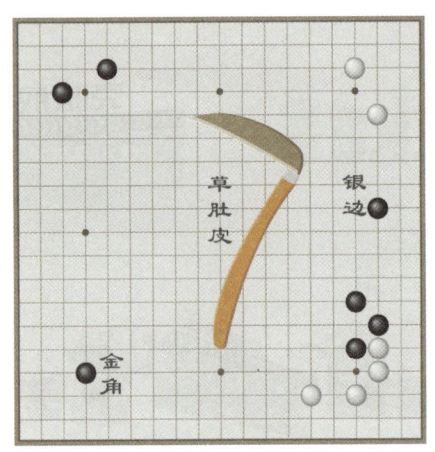

围棋模型

克咳胶囊是我们落下的第一个子,占了一个金角,做活了。克刻牌小儿止咳糖浆是银边,顺着克咳胶囊占据的根据地,拉出了一条边际效益来。克刻牌感冒止咳糖浆是我们站的第二个角,也做活了,准备拉感冒药的银边,但这个时候没有继续往下走,停止了在非处方药领域的投资,因为它的财务回报不如处方药,董事会的脑袋里没有装着我下的这盘棋。

在葵花药业,我们走得远一些,基本上把架子搭了起来,它目前也实实在在是中国儿童药的第一品牌。

2007年给葵花儿童药做的规划,我们分了非处方药、处方药、保健食品、儿童个人护理品和其他,一共五个业务板块,以非处方药为启动战略建立品牌,收购形成处方药产品线,然后发展保健品和儿童个人护理业务。

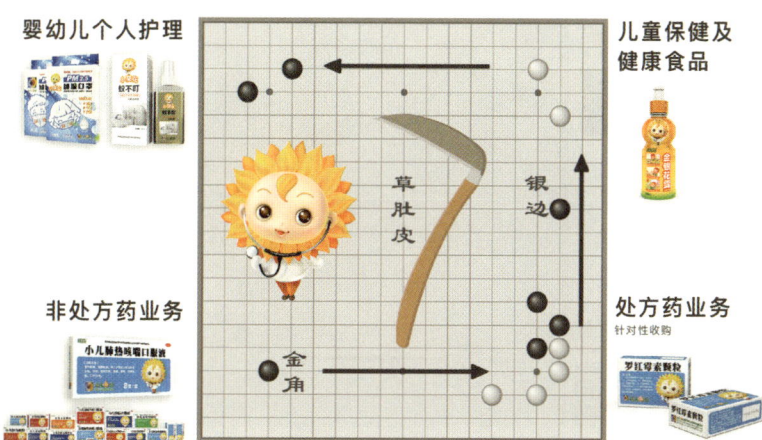

葵花围棋模型

华与华自己的围棋模型也是一样，第一个金角，是咨询服务；第二个是书籍出版，《超级符号就是超级创意》的出版，促进了咨询业务的获客；而"华杉讲透中国历史智慧"系列的出版，则把品牌的影响力扩大到更大范围。2019年，连续推出第三、第四个产品，就是培训业务和百万大奖赛，都非常顺利。这种顺利，可以说是之前咨询和出版所积累价值释放的边际效益，其本身也成为咨询业务新的获客渠道。也就是说，我们把本来需要付出的获客成本，比如为吸引客户转化而举办的讲课和研讨会，全部打造成可销售的产品，变成本为收入。华与华核心价值观，第一句话是"不骗人"，我们说收钱就收钱，没有给一些有影响力的人免费，又利用他们的影响力去收另一些人的钱。这也有助于建立我们的价值观品牌。

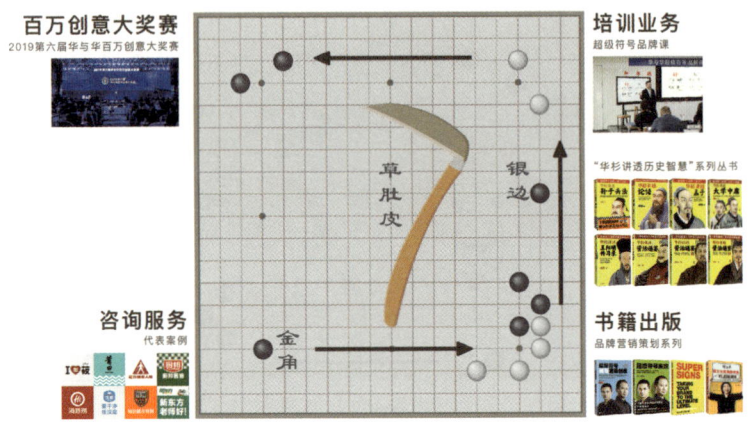

华与华围棋模型

◇ 华与华企业价值之轮

华与华企业价值之轮,是2002年华与华成立时我就挂在公司墙上的。

我们一直试图去把握企业的本体和全体,要抓住本质,抓住关键,又不要犯"过度简化"的毛病。

假若企业是一棵大树,那么"五个市场"是它生存的土壤,"三位一体"模型是基因,是"本体",决定了它是什么"树种",能长多大。企业的"全体",我用一张图——华与华企业价值之轮,从顾客价值角度来描述。

华与华企业价值之轮

"企业价值之轮"模型强调企业的价值是从产品—服务—体验—知识—梦想,逐步递进。

◇ 产品价值:企业就是产品

提到一个企业,我们总是能马上联想到它的产品,如果不能想到产品,经营就是失败的。比如说苹果,马上想到的是iPhone、iPad等;说到西贝,能想到莜面、面筋、牛大骨。

我们把这个称为企业的拳头产品,就是招牌菜,用"三个代表"的伟大思想来说——你在哪方面代表了先进的生产力,这就是你对人类社会的根本价值。从营销上说,你要让顾客想到你就想到你的拳头产品,想到某方面产品就想到你,你才能生存。

如果你的企业拳头产品不明晰,你一定要把它明确出来。我时常遇到的情况,就是企业产品不突出,还老想着"打造品牌形象"。什么是品牌?品是产品,牌是牌子。品牌是产品的牌子,产品不突出,还有什么品牌形象可言?

经营的立足点,永远是在产品的质量提升和价值创新上。

◇ 服务价值:服务创造附加价值

价值之轮的第二轮,是服务的价值。

只有价值是不够的,必须有附加价值,服务就是创造附加价值。

海底捞创造了令人惊喜的服务价值,在顾客排队等位的时候,提供美甲、擦皮鞋、手部护理等服务。那么海底捞就形成了"超级服务品牌"的形象。海底捞有没有一个"品牌战略",要打造"服务品牌"?当然没有,因为它的服务太超级了,它就变成了服务品牌。

海底捞的创始人张勇说过,我们没有什么服务,客人来你家吃饭,你总要招呼一下,还让人家排队等,不给人家找点事做?

西贝莜面村的创始人贾国龙说:省钱省出来的利润没有竞争力,把东西做好,服务提升上去,钱不够,找客户要!经营的最佳状态就是货真价实,东西好,服务好,才能要得上价。

最怕的竞争是"性价比",搞物美价廉,因为物美是不可能"价廉"的。

◇ 体验价值:来之前有期待,来之中有惊喜,走之后有回忆

体验的价值大于服务的价值。2001年,我到美国访问一家品牌设计公司——Yamamoto Moss,跟他们学到了一个公式:

体验价值-服务价值=创造体验的机会

这个公式非常好,它提供了一个思维方式,让我们去梳理和顾客的所有接触点,去思考在这里有没有创造体验的机会。

前面说到的海底捞的服务,有顾客反映,当她一个人去吃海底捞的时候,服务员会贴心地拿出一个洋娃娃放在她对面,陪她一起吃饭。

海底捞的服务员一定没有学过这个体验公式,但是他们可以凭着自己的良知良能,想到这个方法。这不是一个体验的点子,是一个关心人的自然反应,但是它确实创造了体验的价值,成为一个营销的亮点。

2020年1月,我参加好大夫在线app的中国好大夫峰会,听了一场浙江大学医学院附属儿童医院儿科大夫叶盛的演讲。叶大夫讲了好多对儿童患者的服务,比如听诊器要加温,不要冰冷地贴在孩子身上,使用听诊器的时候也不要直接就开始,而

是刚碰一下就撤回,夸孩子真乖,真配合。再碰一下又撤回,再夸他。第三次才开始听诊。问诊结束还要给孩子发一张奖状——今天最勇敢、最配合的小朋友等。还有就是圣诞节的时候,他会穿着圣诞老人的服装接诊。这场演讲我印象非常深刻的一点就是叶大夫创造的服务附加价值和体验价值。

叶大夫的圣诞老人装

叶大夫给患者的奖状

还有一个案例让我印象深刻,这是在新闻上读到的。日本千叶县的龟田医院,他们创造了一个非常独特的体验——太平间。我们知道,通常医院的太平间都在地下室或者另一栋楼。总之那是一个冰冷的地方,比坟墓还冰冷。当亲人的生命终于无可挽回,医生离开了,工作人员推着他的遗体,送到太平间,放到装遗体的柜子里,推进去的那一刻,是人类最惨痛的经历。

龟田医院创造了一个"离天堂最近的太平间",亲人离去了,他要去天堂。龟田医院把太平间——日本叫"灵安室"——设在医院的顶层,挑高的海景大厅。亲属将逝者送到这里,也在这里商议后事。

◇ 知识价值：企业是经营知识的机构，也是为人类创造新知识的前沿

所有行业都是咨询业，所有公司都是咨询公司。只是狭义的咨询公司收咨询费，广义的咨询公司把咨询转化为产品和服务收费，或者提供免费咨询，以产品收费。

比如宝洁公司的洗发水品牌，就是为不同发质和需求的消费者提供头发清洁和护理的咨询服务，只是它没有收咨询费，咨询费包含在产品的价值里了。

而B2B的公司，比B2C的公司更接近咨询业，因为B2B的公司往往需要给客户研发产品，比如香精公司为牙膏公司研发产品，它的目的并不是收取研发费用，而是销售新产品将要使用的香精。B2B公司不仅为下游客户提供产品开发服务，而且要为下游企业提供管理咨询服务，实际上所有的制造商企业，基本上都要为经销商提供管理咨询和培训服务。有的公司并没有有意识地做，但也不自觉地在做，如果提高到理论层面来理解，就会大不一样。

企业的本质，往宏观说，是为社会解决问题；往微观说，是为顾客解决问题。无论解决什么问题，首先都是提供解决方案，这就是咨询。

时刻让全体员工有解决方案的整体意识，而不是只关注狭义的产品和服务，能让他们发挥出更大的创造力。因为为顾客

解决问题是我们的最终目的,要养成"始终服务于最终目的"的思维习惯。

华与华的客户立高食品是为烘焙店提供原辅材料的公司,但它不能只是提供原辅材料给顾客,而是投入大量资金和研发人员,为烘焙店研发畅销的终端产品,然后呢,这个产品以及产品的包装销售方案,都是由立高免费提供给下游烘焙连锁店,烘焙店向立高采购制作该产品的原辅材料就可以了。在这里,立高实际上为下游企业提供了两种咨询服务:一种是产品开发咨询服务,一种是营销传播咨询服务。从后一个服务来说,立高担当了一个管理咨询公司的角色。

实际上,上游企业为下游企业提供管理咨询服务,可以说是适合所有行业企业,特别是制造商对销售商的服务,比如晨光文具对它的销售商,实际上就提供了管理咨询服务。因为经销商企业规模小,它没有能力像制造商那样采购咨询公司的服务,就靠制造商去辅导它们,制造商要满足销售商日益增长的发财和发展的需要。制药企业对医生提供的培训服务,也在这个范畴。

企业的知识价值,我们还要放到更高的高度去理解,它可以说是企业的基础价值、根本价值、终极价值、最高价值。

为什么呢?因为企业本身就是经营知识的组织,企业不仅经营知识,还要承担为人类创造新知识的责任和使命,这才能够成为全球领先的企业。所有的领先都是知识的领先。

前面我们说到奇安信转型互联网安全,说企业战略就是一个学习计划,就是学习互联网安全的知识,并经营这些知识。举办北京网络安全大会,也是创造一个知识交流、学习和创造的平台,把从事同一领域工作的全球精英聚集在一起、连接在一起,他们就能创造出新的知识,这是人类社会进步的基本原理——足够规模的群体之间的相互学习,带来快速的进步。

在知识经营和创造的征途上,有一个圣杯,就是成为人类在某一领域的"首席知识官"。这方面就你懂得最多,遇到这方面的问题和挑战,大家都会看着你,你就成为这个领域的英雄。能力越强,责任越大,在竞争中,你的优势也就越大,这叫压倒性的知识优势。

企业是经营知识的机构,奇安信经营互联网安全的知识,由于有这个知识经营的商业模式,它拥有6000名互联网安全工程师,这就是知识的积累和壁垒,哪个企业可以拥有这么大的"知识兵力"呢?把互联网安全的任务交给它,就符合社会的效益和效率。

人类社会是知识驱动,知识需要专家。在每一个领域,我们都需要一个首席知识官和权威发言人。华与华文库的目标,也是成为全球品牌营销的首席知识官,成为普及中国历史文化和战略智慧的首席知识官。

企业要在自己的专业领域建立最高的社会公信力,不要妄自菲薄,更不要趋炎附势。不需要拉别的公共机构来给自己背书,企业本身就是社会的公器,这就是致良知。

◇ **梦想价值：所有的企业都是梦工厂。最伟大的企业，都是在某一方面代表着人类的梦想**

华与华方法企业价值之轮的最后一轮，是梦想之轮。伟大的公司，为人类承载伟大的梦想。我们设想一下，过去20年，"全球首席企业"是谁？

20世纪90年代的时候可能是微软，后来变成谷歌，再之后是苹果，现在是埃隆·马斯克的公司。

今天IT业的梦想，一是全球互联，连接每一个人、每一个物、每一棵草，形成一个阿西莫夫科幻小说《银河帝国》里的盖亚星球。二是开发宇宙空间，其他还有人工智能，解决所有疾病，等等。正是这些梦想，推动着人类的前进。

华与华给顾客提供什么梦想呢？我们的使命是让企业少走弯路，最高的效率是不返工，最快的进步是不退步，兵法不是战胜之法，而是不败之法，我们所代表的梦想，就是一生不败，传诸后世。

品牌三大原理

品牌第一原理：社会监督原理

品牌不仅是一种商业思想，首先是一种社会机制。

之前讲企业战略的时候，我们讲了企业能够存在，不是因为你想存在就能存在，而是因为社会的需要。同样，品牌能够成立，也不是因为你想要品牌就有品牌，而是因为社会需要品牌来降低监督成本。我们前面讲企业三大原理的时候，说企业是手段，社会是目的；现在讲品牌也是一样的，品牌是手段，社会是目的。

社会监督原理是指，品牌的本质是社会监督企业、保护消费者的一种风险机制。这个原理是从管理经济学的角度来对品牌做的解释。

经济学理论讲，品牌是企业为了给顾客惩罚自己的机会，而创造的一种重复博弈机制。什么意思呢？比如我们到旅游风景区吃饭购物，总是被骗、挨宰，因为那是一次博弈，赚一把以后，他不指望你再来。一次能在你身上获得多大的利益，他就获得多大利益。至于给你带来什么伤害，他无所谓。

但是，在我们小区的小卖部、社区超市里购物，在我们街道的餐厅吃饭，你就能够得到价格公道和质量保障的服务。因为他需要街坊们经常来、反复来。品牌就是这样的一种重复博弈机制，一旦建立了品牌，你就要接受社会的监督。一旦你出了错，社会、消费者就可以惩罚你。

麦当劳是品牌，在美国高速公路服务区的麦当劳是不给加盟商的，全部由总部直营。因为高速公路这种地方，对于加盟商来说是一次博弈，不管谁加盟都不会善待顾客，都会竭泽而渔，只有对于麦当劳品牌来说是重复博弈，所以，高速公路旁边的麦当劳全部由总部直营。

我们在工作中，经常会碰到一些负面消息。公司一旦出了负面新闻，整个公司上下都紧张起来，然后就找公关部，赶紧把这件事情搞定。我觉得中国最冤的部门就是公关部，因为没有一个负面新闻是公关部搞出来的，而一旦这个负面新闻搞大了，最后都是公关部来承担责任。

公关一般会有这几种处理方式：

第一，不发声，不理会，让事件自生自灭，过两天也许会被别人更大的负面信息给覆盖过去了。

第二，公关部门紧急联系媒体，封锁消息，删帖。这样可以防止事件继续发酵和恶化，来保护公司的品牌形象。很多公司都在这么干。

第三，表面上先找一个借口，搪塞一下，然后私下去找事主道歉、赔偿，息事宁人。

第四，以公司的身份主动公开地承认错误，然后该赔多少就赔多少。我把这种做法称为不要公关，要买单，总之就是出事了之后马上买单。

现在我们看到的大部分公司都是选择二或者三，还有一些选择一，不发声，不理会，最后事情变得不可收拾。比如奔驰女坐引擎盖这件事情，就是因为公司拒绝处理，最后发展到不得不处理一件更大的事情。

华与华会怎么做呢？我们一定会做第四个选择，就是马上站出来承认错误，接受处罚。就像我们在古代历史书上看到的，负荆请罪。把衣服脱了，光着膀子，到消费者面前一跪，你打我吧。

为什么要做这样的选择啊？这是我们背后的理论。华与华方法有两个理论：品牌出事论和品牌失灵论。

◇ 承担责任，品牌才有效

第一，品牌出事论。品牌就是为了出事而生的，如果都不出事，就不需要品牌了。假如什么事都不出，买谁的都没问题，那还要品牌干什么？这样消费者的选择成本为零了，都是绝对安全的,都是一百分。正是因为会出事,所以才需要品牌。

品牌会不会出事呢?品牌当然也会出事。品牌出事和那些没有品牌的企业出事有什么区别呢?没有品牌的企业出事没人负责,没人赔;有品牌的企业出事有人负责,有人赔。

所以,就引出品牌失灵论:当品牌出事的时候,主动承认错误,买单,则品牌有效。当品牌出事的时候有了负面舆情,不承认,甚至抵赖、删帖、找媒体,做各种公关动作,则品牌失灵。因为惩罚不到你了。这就是品牌失灵论,我是借用了经济学上的政府失灵和市场失灵这两个概念。

所以,当品牌出事犯错的时候,要买单,不要公关。要主动承担责任,该赔偿就赔偿,该整改就整改,这就是一个最正常的事情。

做服务业的人都知道,投诉的顾客是最好的顾客。顾客投诉的时候就是你赢得终身顾客的时候,因为只要你倾听他的投诉,并且解决他的问题,而且给他以适当的甚至超额的赔偿,他就会终身信任你,他会通过做你的终身顾客来奖励你。所以,一次顾客投诉就能赢得一个终身顾客。

我们把对单个顾客投诉处理的经验,放大到整个品牌对全社会也是一样的道理。

◇ 主动加大对自己的惩罚

品牌出事,马上认错,接受惩罚,认错认罚就是最佳品牌,甚至还可以主动加大对自己的惩罚,那就更棒了。

丰田汽车就是这么做的。在2012年的反日风波里面,一些人的丰田汽车被示威者砸毁了,这事儿本来不是丰田的错,又不是丰田砸的。但是,它会影响未来消费者对购买日本车的选择。

消费者可能会有这样的心态,也很喜欢日本车,也愿意买,但是一想,哎呀,别哪天又出什么事儿,又被人给砸了,麻烦!还是买个宝马吧。

丰田做出了什么样的决策呢?它赔偿了所有被毁的汽车。有保险的保险公司赔,没有保险的丰田汽车赔。而且如果你要换新车,它还给补贴,再给折扣。

这就是加大对自己的处罚,让顾客零负担,这样来赢得顾客对丰田的信任,让顾客放心地买。

品牌社会监督原理是从经济学的博弈论的角度入手,可以理解为品牌是企业为了让顾客惩罚自己而创造的一种重复博弈机制,即企业授权客户有机会来惩罚自己,这样就永远保证自己吃亏,而不让顾客吃亏。所以商人最基本的原则就是不要让顾客吃亏,这个原则在古话里就叫"无尖不商"。这个"尖"指的是以前卖米,卖一斗米,商人一般都会装一斗多,然后用尺子把它刮平,然后再在中间堆起一个尖。这个尖就是在告诉买米的人，你绝对没有吃亏，如果你没堆一个尖，你就不配称为一个商人，所以叫"无尖不商"。

所以我们不仅应该买单，而且应该主动多买，主动加大对自己的处罚，不该自己赔偿的也主动赔偿，该赔偿的比对方认为我会赔给他的再多一些，这就是让投诉的顾客成为我们忠实的顾客的方法，每一次品牌出事的时候都是向顾客展现我们的忠诚和赤诚之心的时候。如果这个时候还要推诿、抵赖、公关，那这个品牌就完了。

◇ **完美人设就是用来崩塌的**

为什么有的企业在品牌出事的时候老是搪塞、推诿呢？

我认为这首先是源于一种错误的认识，就是对所谓品牌形象的认识。一说起什么东西影响了形象，那就不得了，要严防死守，誓死捍卫。我觉得企业也好，地方政府也好，都很容易有这种心态，好像自己不能有一点错。

事实上完美的形象对我们一点儿好处都没有，并不让人欣赏，反而加大了对自己的风险。因为品牌有一个很重要的作用，本身它就是能够加大顾客对我们的宽容，顾客容易原谅品牌的错误。但是，如果我们自己不原谅自己的错误，不让自己有一点儿瑕疵，把自己塑造成完美人设，那么完美人设是必然会崩塌的。

比如说特朗普，他就没有完美人设。

不管出多少么蛾子，他都是美国总统。但是，奥巴马如果有一点绯闻，他就人设崩塌了。所以，谁能干好美国总统，跟他的形象根本没有什么关系。

我们很多企业家也是，把自己塑造得跟圣人似的，中国自古以来有过那样的圣人吗？中国古人的智慧叫君子自污。什么叫君子自污？君子不是出淤泥而不染吗？你不染，就有人来找，看你有什么地方可以染。所以，如果你想出淤泥而不染，就自己先染一点上去，这样别人对你就没兴趣了，你就安全了。

还有的企业，怕出事影响品牌，就做了很多品牌。理由是，不要把鸡蛋装进一个篮子里，如果一个品牌出事了，还有另一个。这种想法非常普遍，也非常可笑。因为一方面它们不懂得什么是品牌出事论，品牌就是为了出事而生的，不出事就不需要品牌了；另一方面它们没有考虑建立品牌的成本，一个品牌都弄不清楚，还想弄两个。

所以，品牌出事要买单，不要公关，要承认错误，该赔偿赔偿，然后再复盘出事的过程，改善流程，从错误当中学习，从错误当中进步，犯错会越来越少。

不要怕负面舆情，"打是亲，骂是爱"，消费者围殴你，痛骂你，是因为你对他们很重要。品牌部的人要学会这个理念，告诉你的老板要习惯被消费者打骂。听说有的公司对公关部有零负面的考核，不许公司有负面新闻。这就是不懂得品牌的原理。只有无名小卒才没有负面新闻,因为他根本就没新闻。

是人就会犯错,是名人他的错误就会被放大,这是成功者的特权。特朗普天天被媒体吊打,习惯了就好。

◇ 消费者懂得原谅

《论语》里面有一段话,可以用来形容品牌:"君子之过也,如日月之食焉:过也,人皆见之;更也,人皆仰之。"君子犯错就像日食、月食一样,你是品牌,你就像太阳、月亮一样高高在上。当你被阴影挡住的时候,你躲得过去吗?万众瞩目,无所遮蔽,所有人都看得一清二楚,你犯错了。但是,当日食、月食结束的时候,就是说你改过的时候,恢复光明的时候,同样是万众仰望。

比如肯德基,你在网上搜一下肯德基,什么苏丹红、催熟,鸡又有问题了,负面新闻一大堆,消费者会怎么看呢?有两种看法:第一种,居然有苏丹红,我再也不去肯德基了。第二种,我的天哪,如果肯德基都这样,那么其他鸡还能吃吗?大家嘴上说的都是第一句,再也不去肯德基了,但是,身体却很诚实,抬脚还是走向肯德基。因为大家知道肯德基是在聚光灯下被监督的,是最安全的。

那有人要问了,你就不能把企业管好,让它不出事吗?不出是不可能的,只要是人就会犯错。

再比如航空公司,航空公司只有两种:一种是已经摔过飞机的,一种是即将摔飞机的,没有不摔飞机的航空公司。什么公司出事有航空公司厉害?但是即使你知道航空公司摔过飞机,还摔过不止一架,你不还是会安安心心地上飞机吗?

风险本身就是人生的一部分,这是现实,这是人生,消费者懂得这个道理。

品牌第二原理：品牌成本原理

品牌存在的意义在于降低三个成本：

第一，降低社会监督成本；

第二，降低顾客选择成本；

第三，降低企业的营销传播成本。

在讲企业第一原理时，我们说企业之所以存在，是因为它降低了社会的交易成本。同样，品牌存在的意义也在于降低交易成本。我们在进行品牌策划的时候，一切创意的创作原则也是降低成本，降低识别成本、记忆成本、阅读成本、理解成本、传播成本。这个成本原则，可以用在品牌创意的一切科目，例如品牌命名、标志设计、广告口号、广告创意、包装设计、展览设计等等。

◇ 命名：降低顾客的记忆成本

首先看如何降低顾客的选择成本和企业的营销传播成本。这两件事是一件事，两个成本是一起降低的，而我们思考的视角，永远是顾客的视角。

下面讲解一个房地产的案例，也是华与华的知名案例："一个北京城，四个孔雀城"。

2006年，第一个孔雀城项目在固安开发的时候，要解决的第一个问题是命名的问题。当时，公司内部征集了两百多个名字，大家倾向的方案是"安达卢西亚"。因为洋气啊，听起来高大上。我翻看了写满名字的两页纸，一眼就选中了"孔雀城"。客户问我为什么，我说这是个成本问题。

安达卢西亚，记忆成本高，传播成本高，孔雀城成本最低。幸亏最后选了孔雀城，如果我们的广告语"一个北京城，四个孔雀城"，改成"一个北京城，四个安达卢西亚"，那这没法玩了。

当时我们已经规划了四个项目，分别在固安、香河、大厂、淮南。而客户要求我给另外三个项目命名也提建议，我说还要什么建议，全都叫孔雀城啊，这是品牌，不是房地产的方案名。如果我们分别叫不同的名字，就没法建立品牌了。

如果四个都叫孔雀城，那怎么区分呢？就加前缀，永定河孔雀城、大运河孔雀城、潮白河孔雀城和官厅湖孔雀城。

后来第二天,孔雀城的总经理安总打电话给我,他说:"华老师,按你的品牌成本原理,我认为官厅湖孔雀城应该叫八达岭孔雀城。你看,我们是在八达岭下、官厅湖畔,八达岭的成本比官厅湖低啊!"我一听,对,所以官厅湖孔雀城就改成了八达岭孔雀城。

这就是最早的四个孔雀城名字的来源。品牌的营销传播成本就是从命名开始的。

有很多企业经常讲:"现在我们还不需要建品牌。"一会儿又说:"我们现在需要做品牌了,我们到了做品牌的时候了。"

什么时候是做品牌的时候?从你出生的那一刻,取名字就是做品牌的时候。你的名字可能就注定了你成功或者失败,因为名字就是成本。

华与华曾经有一个退烧药客户,叫阿扑双欣,客户跟我说:"我这个药好,名字更好!药怎么好呢?是阿司匹林和扑热息痛两种药结合,效果特别好!而名字呢,阿司匹林加扑热息痛,在一起很欢欣,就是阿扑双欣。"我叹了一口气说:"唉!您早认识我就好了,这么好的药,就是名字没取好。如果叫阿扑阿扑,广告语就叫'阿扑阿扑,退烧退烧',一把就做上去了。"

什么意思呢?阿扑双欣,无论这名字有啥"内涵",也没法传递给消费者,传播成本上不成立。因为我们想要的太多,结果什么也得不到,如果我们只追求语感和好记,反而更成功。

阿扑双欣、双黄连口服液和双金连合剂

还有一个药品的命名故事，也来自我的客户，"感冒发烧咽喉炎，快用太龙双黄连"。双黄连口服液，是太龙药业的拳头产品。有一天，客户高兴地跟我说："双黄连的升级换代产品下来了！之前因为保密，没跟你说，现在解密了，请准备策划一下，我们推这个新产品，叫双金连。"

我一听，脑子里嗡的一声，连问了三遍："谁让你对我保密？谁让你对我保密！谁让你对我保密？！现在一切都晚了！"

为什么？名字取错了！而且药品注册名称，药监部门批准之后就没法再改，现在神仙也补救不了。应该叫什么名字呢？应该叫"金双黄连"，这样同样符合中药药品命名规范，而且消费者一听就能感受到是比双黄连高级的换代产品。叫双金连，就完全找不到那个感觉。要让消费者知道双金连是双黄连的换代产品，比双黄连更好，只要投入足够的传播资源，是可以办到的。但是，我们由此赚的钱肯定远远不能覆盖这个广告成本。所以，这事就在成本上不成立了。

很多事情都是这样，你想得很好，但是成本上不成立。研究品牌，一切要从成本角度去看，而品牌成本的起点就是命名。

品牌就是一个名字，可以说，只要足够多的人能记住你的名字，你差不多就成功了。但是，让人记住你的名字有多难，要花多大成本，超乎人的想象！重要的是，你随时要围绕让人记住你来思考，思考如何降低记忆成本。

华与华的知名案例，葵花牌小儿肺热咳喘口服液，中国消费者都很熟悉了。不过你可能没想过，把这个产品做起来，几乎就是不可能的任务。

是的，当初决定做这个产品的时候，我就认为这是一个不可能的任务，因为认为不可能，知道为什么不可能，就去解决这个不可能，然后把它解决了。

不可能在哪儿呢？不可能在于消费者记不住这么复杂的名字！葵花牌小儿肺热咳喘口服液，光名字就12个字！我们的资源是15秒电视广告，从头说到尾可以说50多个字，为了让人记住名字，名字至少就要重复两遍，24个字用没了，还剩30个字，我能干啥？

这就是资源和成本的算法。

最后的解决方案呢？首先是形象符号，设计了小葵花的卡通形象，让人过目不忘，从广告到包装都是这小葵花，至少这可以记住了。然后呢？我们来拆解一下最后的电视广告片。

小葵花妈妈课堂开课啦!

孩子咳嗽老不好?

怎么办呢?

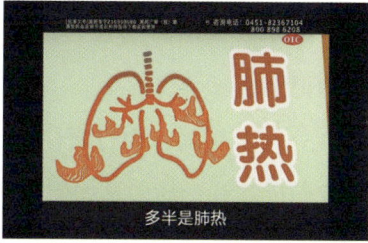
多半是肺热

用葵花牌小儿肺热咳喘口服液

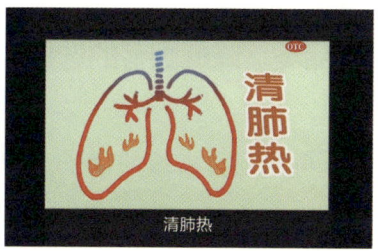
清肺热

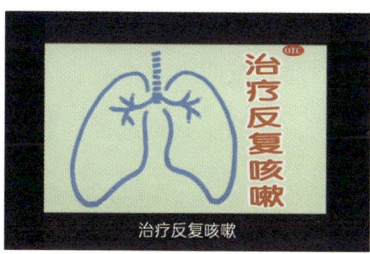
治疗反复咳嗽

妈妈一定要记住哦!

从上面的分镜中我们可以看到，最后完整的产品名只说了一遍，因为我们调整了记忆目标，降低消费者的记忆成本，只要他记得葵花、小儿肺热、咳嗽，记得包装的样子，则已经基本可以保证他能向药店店员询问并找到我们的产品了。

所以整个15秒的片子，有两次肺热的动画，其他全是小葵花的戏，包括最后说"妈妈一定要记住哦"，小葵花是从包装上冲出来，又缩回包装上去，这都是为了强化小葵花形象和包装的记忆。

外行看热闹，内行看门道。别人以为你在搞多大创意，其实我们反复算计的，是如何让观众记住产品名字。

◇ 品类：降低顾客的选择成本

再回到孔雀城的例子。命名之后，华与华就创作了那句著名的广告语："一个北京城，四个孔雀城"。这是什么意思呢？这是降低顾客的选择成本，我们围绕北京开发住宅区，可以提供给北京市民周末度假的住宅产品，东西南北都有，不管你住在北京的什么方向，来我们这儿，你都能做出选择，总有一款适合你。我把这个叫作货架策略。

就像卖牙膏一样，在一个货架上，我的陈列面最大，提供同一类的最多选择给你，你的选择成本不就低了吗？我在这儿开一个批发市场，不管你去东西南北，你都到我这儿来。

◇ 广告语：设计一句话，让消费者说给别人听

再说广告语本身，口号是怎么来的？还是因成本而生的。比如"爱干净，住汉庭""新东方，老师好"都是六个字就说清楚了。再比如"人头马一开，好事自然来"，尽管现在人头马已经换新广告语了，但是这句话大家一直都记得，说明成本低。

再比如"不在乎天长地久，只在乎曾经拥有"，是谁的广告你还能记得住吗？可能大部分人都混乱了，这就说明这个广告语的成本太高了，因为这句话中没有品牌名。

所以思考一句口号，一定要看它的成本。

对广告语成本的评估，还是用消费者四个角色的逻辑：

对受众，降低发现成本和记忆成本。

对购买者，降低决策成本，特别是形成冲动。

对使用者，降低使用成本，创造使用体验，如"人头马一开，好事自然来"就创造了使用体验。

对传播者，降低传播成本。因为广告语不是我要说一句话给消费者听，而是设计一句话让消费者去说给别人听。

◇ 投广告：基于销售预期的投资

说回孔雀城的例子，接下来第二件事儿，就是打广告了。通过加大广告投入来降低营销传播成本，投入越大，则成本越

低。你没看错，投入越大，则成本越低。

2008年的时候，我和孔雀城的营销老总有一段对话，我问她，明年的广告预算是多少啊？她说3600万元。我说为什么是3600万元？她说，明年计划销售18亿元，2%的广告费就3600万元。为什么是18亿元啊？因为增长30%。为什么增长是30%啊？这就是我们的方法，打破砂锅问到底。

她一听我不断地在问，就说什么意思啊？你认为多少啊？我说万一是100亿元呢？那2%，我们不就可以找老板要2个亿来打广告了吗？她说怎么可能是100亿元呢？也没有那么多的供应量。我说明年当然到不了100亿元，但是我们不能认为只有18亿元。假定一下是100亿元，200万元一套的房子在那个时候，也就5000个顾客。我看在北京这样的顾客50万也不止。如果50万顾客每位200万元是多少啊？那就是1000亿元。100亿元只需要5万顾客，所以根本就不用考虑市场容量，只管坚决投资。

广告不是费用，是投资，是基于预期的投资。

如果你的预期是18亿元，投资就是3600万元；如果你的预期是100亿元，就可以投2亿元。她问我，那你的预期是多少呢？我说，我不以一年为时间单位来做预期，因为我们做事情的计划总是一年，一年是农业生产的思维，春种秋收。我们以三年或者五年来思考，总之不管几年，反正我就以100亿元为预期，我认为没问题。

她说，那你认为明年投多少呢？

先算一下我们需要多少。目前我们的做法是几个月开一次盘，开盘前打一星期广告，然后下次开盘再打。我们换一种做法，每周五都在《新京报》和《北京晚报》上整版，每周末我们都开盘，一直这样做下去，全北京的人都知道周末直接过来就行，临时起意也可以开车就来，不用联系。

这样顾客的选择成本不就也低了吗？否则他想来看看，但又不知道你有没有开盘。我永远都开着呢，你周末来最好。

按这样我算了一下，如果我们每周五都在《新京报》和《北京晚报》上整版，当时的价钱一年4000多万元，结果那一年我们投了大概6000万元的广告，卖了20多个亿，然后50亿元、70亿元、130亿元，最后一直做到了1000亿元。

广告费不是费用，是投资。我有好多客户，没上市的时候，投广告都不眨眼，一成了上市公司，就不投了，越来越短视。为什么呢？因为上市公司是为了"三个报表"而经营，如果投了1个亿广告，又不是当年能赚回来的，它就觉得利润少了1个亿，30倍市盈率的话，30亿元市值就没有了。有的公司甚至就这样一年不投，两年不投，三年不投，最后也没法投，本来有的业务都萎缩丢掉了，又去收购张罗别的项目搞什么"市值管理"。后来我看到有的公司搞市值管理，有一招叫"研发费用资本化"，本来是研发费用当年要进账的，现在列进资本项，分五年摊销，利润、市值就都"管理"出来了。这真是把我羡慕死了！如果能推动修改会计准则，把广告费用资本化，好多事情就顺了。只是现在广告费不仅不能资本化，超过营业额多少比例还要纳税！这都是公共政策对广告的误解和歧视。

◇ 广告文案：尽量把消费者需要的决策信息全给他

接着讲孔雀城的故事，第三件事就是广告创意了。之前在孔雀城的房地产广告上面，从来就不放房子，要么放个梳子，要么放个杯子，反正就是不放房子。为什么不放房子呢？因为品牌部认为，卖房子就放房子，那不是显得我们太没创意了吗？

我说，按华与华方法的货架思维，广告版面就是货架，要陈列商品，卖房子就应该放房子。他们就问我，你认为这广告应该怎么做呢？我说二手房的广告怎么做我们就怎么做。这让品牌部的人觉得自己一生所学全部荒废了，卖房子就放个房子，还要我们干吗呢？但是不管怎么说，华老师来了，他非要放房子，就让他放吧。

放上房子之后，我说要打上价钱，他们不愿意打价钱。很多人卖东西都不愿意打价钱，就怕打了价钱，把有些人吓跑了。但是，他们没考虑不打价钱更多的人根本就不会打电话来问，他们就希望等顾客打电话来之后再慢慢跟他磨，再试探他，看什么时候能把他搞定。

或者说就算逼着他们打价钱，他们也不打总价，他们会打一个起价多少，或者首付多少，总之想降低顾客进入的门槛，从中发现更多的顾客。

但是，顾客需要的信息是什么？顾客需要的是总价。顾客买房子首先需要的就是户型、面积、大小和总价，一定要把这个信息在第一时间完整地提供给顾客。这样愿意来的就来了，不愿意来的，不用浪费他的时间，也不用他来浪费我们的时间。

我们总说顾客导向，这就是写文案的顾客导向。也就是说，广告是给顾客的信息服务，是为了降低顾客的选择成本，一切从顾客的角度来考虑，不要考虑你自己。因为你自己千算计、万算计，可能最后都是"反误了卿卿性命"，你不要去算计，要心中无我，只有顾客，顾客需要什么，你就给他什么好了。我们看到一些"标题党"，标题很吸引人，点击进去，内容与标题无关，这还是无效点击。真正的"标题党"，让人看了标题，不用看内文也知道关键信息，这才是好"标题党"。

不管怎么说，孔雀城第一次广告出街，按我说的做了。放了房子，写了户型，打了价格，结果第二天广告一出去，效果是历史上广告效果最好那次的两倍。我一听才两倍，本来我想的是十倍，于是问销售部。销售经理说，华老师，你放上去那套房子倒是好卖了，我们还有好多户型是没有放上去的，一套也没卖掉，没人问。你看怎么办？

我说你觉得呢？他说我得问你呀！我说你刚才已经说了，放上去的，标上价钱的好卖了，没放上去的没人问，那你说怎么办？你不都说完了吗？

他说：什么意思啊？都放上去啊！

我说：都放上去啊！

他说：放不下呀！

我说：放不下，拉个表格不就完了吗？做一个产品列表。

我刚毕业的时候，在工厂做过业务员，出去推销东西都会拿个产品目录。这不就是把我们的产品目录登到报纸上去吗？那我要登一个什么样的产品目录呢？这个目录有讲究。

目录的第一栏是价钱，而且价钱是按高低顺序来排的。这个来源于我在美国买鞋的经验。我的脚的尺码比较小，买鞋很困难，经常看中一款鞋，然后售货员去找我的码。等了十几分钟，他回来，"对不起，先生，没有你的码"。有时候跑一下午，一双鞋也买不到。

结果有一次我去美国，刚好也是跟孔雀城的高管一起去美国考察，到一个鞋店，我看那个鞋店的顶上挂着7、8、9、10、11、12，就像机场里面柜台号的那个字母那么大。比如说"10"，100多双全是10号鞋，它是按尺码来分类的，不管你是穿10号鞋的，还是穿12号鞋的，5分钟之内你就能买到3双鞋，效率极高。这极大地降低了顾客的选择成本。

同理，我们买房子的尺码是什么？就是价钱，无论买房、买车，都是先定价钱，定预算，然后按这个价钱尺码去找。所以，华与华设计的这个表格，就是第一栏为价钱，按价格高低排列，后面是项目名称、地址、户型大小、客设、市内售楼处地址、目前的优惠、联系电话等信息。在这个广告版面里面，我们提供了消费者需要的全部信息。

孔雀城海报

我们提供了三个"购买"：

第一，下达了购买指令；

第二，提供了购买理由；

第三，还有详细的购买指南。

那么，消费者就可以按图索骥。我们把这种文案叫作"坐着滑滑梯，滑到收银机"。这个带表格的广告出街的第一天，我们售楼处旁边的107国道就出动交警维持秩序了。孔雀城进入千亿俱乐部，这就是起步的第一天。

你仔细看上面这个孔雀城的报纸广告，很多年都是这个版式，它的创意原则就是信息要直接给，要给得全，为的就是降低顾客的搜索成本、阅读成本、选择成本、决策成本，也因此降低了企业的营销传播成本。

◇ 品牌标志：降低品牌识别、记忆、传播的成本

每个企业，每个品牌，都要设计一个标志。市场上，70%以上的标志设计都是错的，都是给消费者添麻烦的。我们需要一个标志来解决品牌识别、记忆、传播的问题，但大多数的标志设计都不是解决问题，而是成了问题，制造了新的问题。

为什么？因为没有认识到标志的本质——降低成本，降低品牌识别、记忆和传播的成本。和命名一样，标志是为了降低

成本而生的。

放牛娃发明了brand这个词。因为你家的牛和我家的牛很难分清，就在牛身上烙一个符号，这就是标志的起源，也是品牌的起源，brand就是指牛身上的那个烙印。

标志和名字又有什么成本上的区别呢？标志成本更低。标志是为了降低名字的成本。比方说牛身上烙上"乔布斯家的牛""比尔·盖茨家的牛"，这样就已经不会搞混了，但是成本很高，一串字也很难看清楚。所以，为了降低成本，就做成方框的烙铁和圆圈的烙铁。

为什么要给品牌设计一个标志？一是为了降低识别记忆的成本，二是为了传达品牌的精神气质。但是我们看到，90%以上的标志设计，都是提高了品牌识别记忆的成本，加重了顾客品牌识别记忆的任务。有的标志，图形很抽象，带着一大堆只有设计者自己才知道的所谓"深刻内涵"，然后又去拼命推广想让大家都知道，又费精力又花钱，大家也未必记得住。

再站在消费语境去看这个问题：消费者有一个记忆任务，就是要记住我们的品牌，即我们的名字。标志的设计应该帮助消费者完成这个任务，而不是把消费者的一个记忆任务变成三个记忆任务：记住这个名字，记住这个标志，记住这个标志就是这个名字。这样就把消费者的记忆成本提高了。

所以我历来拒绝给客户写"标志释义"，因为这是一个很荒谬的词，标志就是来释义的，如果你为一个品牌设计了一个标志,结果这个标志还需要300字来解释,难道不荒唐吗?

华与华方法:不要解释。

如果你提出一句口号,需要另一句话去解释它的"内涵",那就把那句口号扔掉,直接用后面那句。如果你设计了一个标志,需要写一个标志释义来解释,那就别用那个标志了。

如何做出低成本、高效率的标志?让标志回归本质、发挥价值有一个标准,就是"一目了然"。

一目了然,一见如故,不胫而走,这就是最低成本。

记住,这一目了然的"一目",是"看一眼"就了然,也是"第一眼"就了然。

强调这个很重要,因为经营思想的绝大多数误区都是在一个地方产生的——就是以大家熟知的世界级企业为案例来思考,是用世界500强的语境来思考。大家离世界500强都还有一定差距,但整个商学院教学体系、思考语境全是世界500强的。所以我要强调"第一眼",不是以那些已经存在演变了50年、100年的品牌为研究对象,而是以新品牌的诞生为研究对象,就像后面的电视广告一节里,我们要研究的是如何用15秒,让一个消费者愿意买一个"第一次听说"的商品。

举一个我们自己的客户例子——海底捞,它原来的标志就不是资产,因为没有发挥作用,没有人注意到它。虽然它依然生意火爆,但它现在是一家全球企业,想让外国人记住它原来的商标是很困难的。所以我们给它设计了一个新的标志:一个

"Hi",里面的"i"用一个红辣椒代替,发挥品牌与生俱来的戏剧性,并把它给放大。

海底捞的旧标志→海底捞的新标志

另外,我们说要消费者第一眼看见就了然是张三李四,最好的办法就是写着张三李四。这也是我们常说的低成本标志设计方法:尽量做"标字",不要做标志。

一目了然见名字,以字体为中心进行设计。

再来看两个华与华设计的标志案例,就是益佰制药和东北制药的标志。这两个标志,都是"标字"。

益佰制药,是用阿拉伯数字100,组合成一个胶囊形状。

东北制药,是在一个胶囊里面,设计"东北"两个大字。

益佰制药　　　　　　　　　东北制药

为什么都用胶囊？这又涉及第二个"一目了然"：一目了然见行业。

要让人一目了然知道你是做什么的，食品就要像食品，药品就要像药品，银行就要像银行，航空公司就要像航空公司。

这是消费者四个角色的思想，当消费者作为受众，他需要一眼——再强调一次是第一眼——就知道你是做什么的。

很多人会认为，制药企业都搞两个胶囊，你不觉得太没创意了吗？

我不觉得没创意。因为创意的目的是解决问题，不是得到一个"创意"。

品牌标志是为了跟谁区别？比如，我设计一个益佰制药的标志，是为了跟东北制药区别吗？是，但首先是为了跟中国银行区别。要让消费者第一眼看到的时候，就知道是药厂，不是银行。百事可乐的标志设计，是为了跟可口可乐竞争吗？是，但首先是为了跟多乐士乳胶漆竞争。是要让消费者第一眼看到的时候，就知道是饮料不是乳胶漆。

很多人在做设计的时候，总是想跳出行业属性来设计，因为他觉得跟同行太像太没创意。那为什么不把公司名字里的制药公司、航空公司、银行这样的字删掉呢？那不是跟同行更不一样、更过瘾吗？他知道这样是不可以的，那他为什么又认为标志随意发挥是可以的呢？那只不过是对经营的伤害，设计者不易察觉这点罢了。

一个银行的标志设计，首要目的不是和其他银行区别，而是和餐厅区别，让一个消费者（受众）走在大街上的时候，远远看见就知道这里有一家银行。有人嘲笑中国的绝大多数银行标志设计里都有一个铜钱，太俗气太没创意，他不知道真正应该被嘲笑的是自己。

一些品牌营销上落后的行业，往往有正确的设计观念，因为它们不懂"专业"，它们做的事都是凭"常识"在做。而有一点点"专业"，又学艺不精的大多数行业，就往往掉入伪创意的陷阱。

第一个"一目了然"，是一目了然见名字；第二个"一目了然"，是一目了然见行业。

还有第三个"一目了然"，在使用图形设计时，要尽量使用具象的图形。

我总结华与华的标志设计方法，最主要的是"看图说话法"，看图说话，就是图文相配，图就是文，文就是图，不就是视觉、听觉的统一，可描述，一目了然，一见如故，不胫而走，传播成本最低吗？下面这些华与华设计的标志：西贝、海底捞、七猫、足力健、青客、奇安信……都是看图说话。

华与华设计的部分标志

◇ 包装设计的成本——购买理由、购买指令和购买指南

包装是品牌最大的媒体。有效的包装设计,能极大地降低品牌营销传播成本。

包装设计降低什么成本呢?首先是在货架上被发现的成本。然后是理解成本、选择成本,顾客要去理解面前的每一个商品,然后做出购买选择。

这就需要你提供给他购买理由、购买指令和购买指南,华与华方法称之为"三个购买"。

我以华与华的包装设计作品——洽洽小黄袋每日坚果来做说明。

2019年6月,在开展设计工作前,华与华洽洽项目组走访市场时,发现做每日坚果的品牌非常多,品类竞争激烈,仅一家卖场就有大大小小十几种坚果品牌。但是大量产品包装设计大同小异,对产品特点的表现也基本相同,缺乏符号性,辨识度低。

尤其是对每日坚果这一全新品类,消费者的认知本来就是模糊的,包装上没有突出关键信息,就大大提高了消费者的选择成本。

每日坚果的竞品包装

我们要设计一个营销成本、顾客选择成本最低的包装,就要在包装的每一个角落"机关算尽",把沟通成本降下来,实现商品在货架上"全自动销售"——就是不需要导购员介绍,让包装自己会说话,自己把自己卖出去。

包装的首要任务是获得陈列优势,购物环境好比是一个丛林,是一个物种繁杂、遮天蔽日的热带丛林,购物者是一个进入丛林的采集者,搜寻他的果实——商品。那果实们呢?不是要躲起来避免采摘,而是要在所有果实中冲出来,争取被选中。

华与华方法讲"货架思维",我们做的一切创意要货架导向,把产品出现的一切场合都视为货架。因为货架是产品陈列的地方,是购买发生的现场。

商品在货架上进行信息的竞争,目的就是吸引购买者的注意力。

所以我们放大洽洽小黄袋黄色在终端的货架优势，并抓住一个荣誉符号——绶带。让这个全世界都认识、熟悉、喜爱的人类文化符号成为洽洽包装的超级符号，并在终端形成视觉强制性，快速吸引消费者注意，让产品被发现。

这个获奖者的绶带，就突显了洽洽是所有坚果里的获奖者——荣获国家科技进步奖，因为它掌握关键保鲜技术，这就是购买理由。

包装是品牌的最大媒体。华与华洽洽项目组在一线卖场连续7天，每天12小时的定点观察与亲身售卖，我们发现消费者在终端问得最多的问题是你卖什么，里面有什么。

所以当你坐在电脑前头脑风暴，以为自己想到了很好的创意去跟消费者沟通时，却发现人家连你是卖什么的都不知道！这就是顾客购买每日坚果的成本所在——不知道你这一袋子里面装了些啥！

所以我们在包装主画面上清晰列明了"每一袋内含4种坚果、3种果干"的信息，并且附上了图片和说明。让消费者一看就知道这是卖什么的，里面到底有什么，让消费者不用思考，对号入座。这就降低了顾客的选择成本。

对于包装文案，要降低顾客的阅读成本，要一气呵成，一气呵"成交"，让顾客的阅读体验，就像"坐着滑滑梯，滑到收银机"。

包装文案是严肃的，是要有巨大销售力的，还要规划购物者的阅读顺序。如果你去超市观察购物者，就会发现他们阅读包装文案是很认真的。

他拿起一袋洽洽小黄袋每日坚果包装先读到什么，后读到什么，怎么吸引他一步步读下去，怎么吸引他读完正面读侧面，然后被打动，把洽洽小黄袋放到他的购物篮里去。

包装设计没有正面背面，只有第一面、第二面和第三面。因此不要根据包装正反面来规划信息的层级，而是要根据消费者的阅读习惯和使用场景来规划。

所以，当消费者经过我们的货架时，我们要让他第一眼就看到我们的超级符号——绶带，并把"掌握关键保鲜技术"的品牌谚语信息放到最大，让刺激信号足够强！吸引他看到我们的产品。

同时我们把品类信息在包装上方拉大，并把洽洽logo在包装上放大三倍，放大了，才能引起注意。"7日装"的信息也加大加深颜色，让它醒目，因为这都是至关重要的商品信息。

同时围绕"洽洽，掌握关键保鲜技术"，我们还提炼出三大关键证据链放在包装第二面：

1. 只用100%当季采摘坚果；

2. 瑞士工艺精准烘烤激发酥脆口感；

3. 奶粉级保鲜包装，含氧量<1%。

洽洽之前的包装，把背面就当背面了，而我们的背面也做陈列面设计，也有销售促进信息。

包装的侧面，我们称之为第三面，又做了透明开窗处理，因为里面装着7小袋，是7日装，那我们就开一个透明窗让顾客看见，心里踏实！

洽洽在2019年华与华重新策划后获得了迅速和巨大的成功，其核心就在于包装设计。所以包装设计并不是一个平面设计课题，而是整个营销战略的重中之重。

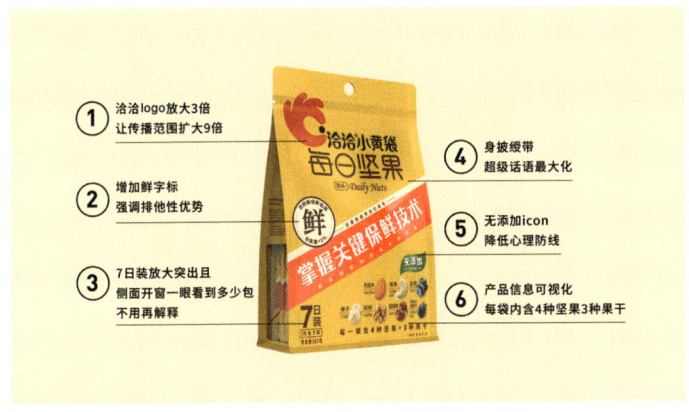

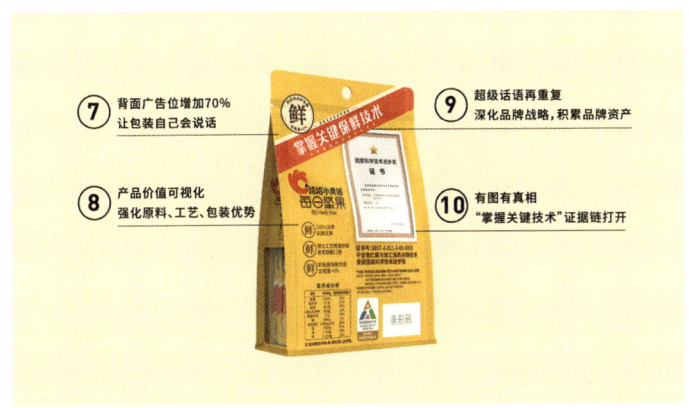

7日装的新旧包装对比（正面）

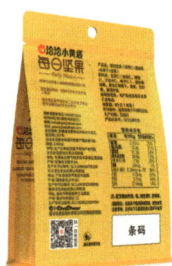 

7日装的新旧包装对比（背面）

7日装的新旧包装对比（侧面）

将华与华策划前后的洽洽每日坚果包装对比来看,之前的设计可以说是对包装的性质完全没概念,我们称这种设计为"设计文盲",属于"四个不知道"——做之前,不知道自己要做什么;做之中,不知道自己在做什么;做之后,不知道自己做了什么;不知道自己不知道——所以,我们还会专门出版一本《设计的目的》,因为中国企业这方面知识太贫乏了。

再讲一个包装设计案例,如何用品牌命名和包装设计降低我们的营销传播成本和顾客的选择成本,就是我自己的书——《华杉讲透〈孙子兵法〉》——的封面设计。

先说命名,2015年我写了这本讲《孙子兵法》的书,开始时我想取名为《第十二家注〈孙子兵法〉》,华楠问我什么意思,我说因为历史上注解《孙子兵法》并历经千年考验流传下来的,有十一家,在宋朝编辑成一本书,叫《十一家注孙子》,我嘛,就是《孙子兵法》问世2500年来第十二个有重要历史地位的注家。华楠说:"除了你,有几个人知道之前有十一家?我都不知道!"他这一说,我就知道我自嗨了,我要传达的这个事情,成本太高!后来,他帮我取了一个书名,叫《华杉讲透〈孙子兵法〉》,关键词是"讲透",这是购买理由,封面顶上又拉了一条横幅——"这回彻底读懂《孙子兵法》"。因为《孙子兵法》大家多多少少都读过或知道几句,但都觉得很神秘,这回彻底读懂!巨大的承诺,购买理由就很充分了。

封面设计用了亮黄色,为什么?降低被顾客发现的成本。你现在到书店，我的"华杉讲透中国历史智慧"系列你一定一眼就看到了，因为太显眼了，以至于我太太都跟我抱怨："你那些书放家里金光灿灿的真是好扎眼啊！"我说："我那个是根据书店的销售货架设计的，不是根据书房的收藏书柜设计的。"不过我也跟华楠说了这个问题："你能不能给我再弄一个内封？双封面，外面的销售用，里面的收藏用。"华楠说："那增加成本！"我就放弃了。后来，华楠自己写了一本《超级符号原理》，我才发现他不仅有内封，而且是精装，极度奢华，根本就不考虑成本！所以，到了《华杉讲透〈资治通鉴〉》，我的书也有内封了。

三个购买——购买指令、购买理由和购买指南。在《华杉讲透〈孙子兵法〉》的购买指令上，我们还设计了一个腰封，大大的四个字——"先看封底！"这四个字干什么用的呢？就是一个指令，让顾客把书拿起来。你买书之前，要先拿起来翻一翻吧？一个机场书店3000本书，你逛书店的时候，一次大概会拿三本起来翻一翻吧？这从进店逛到拿起来翻一翻的转换率就是千分之一，如果能提高到千分之二，理论上销量就翻一倍。"先看封底"，就是为了吸引人把书拿起来。

《华杉讲透〈孙子兵法〉》的包装设计非常成功，2015年出版，到2019年卖了60万册，而且在韩国、泰国都翻译出版了。这个成功，确实是包装策划的成功，书当然也写得还行，无愧于"第十二家"。但是多少世界名著，在作者生前都只卖出了几百本，死后才畅销，就是因为没人给他们做有销售力的封面设计。

《华杉讲透〈孙子兵法〉》的货架优势

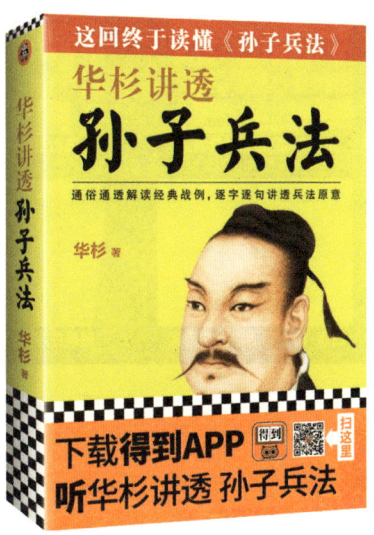

《华杉讲透〈孙子兵法〉》的新旧腰封对比

在得到app《华杉讲透〈孙子兵法〉30讲》课程上线后,"先看封底!"的腰封换成了得到课题的广告。

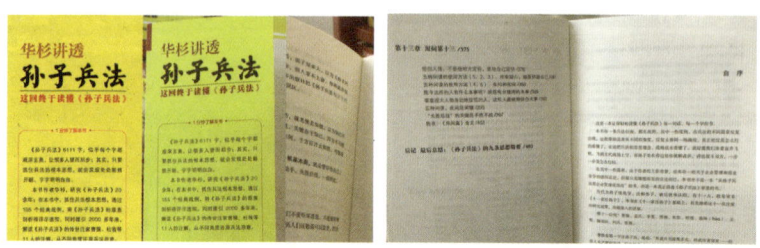

《华杉讲透〈孙子兵法〉》的勒口和内页

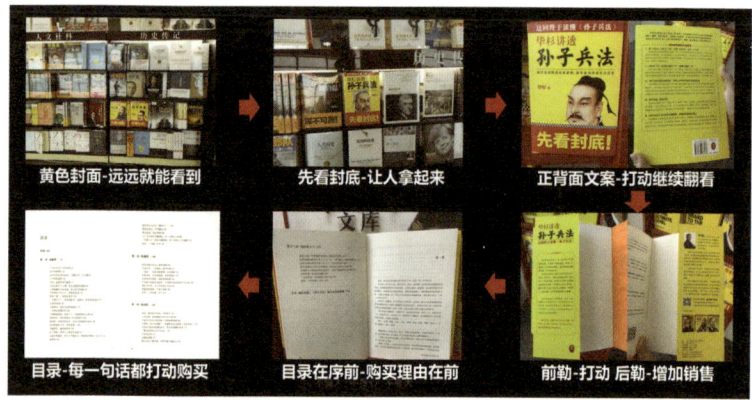

《华杉讲透〈孙子兵法〉》的包装设计

品牌第三原理：品牌资产原理

在品牌成本原理里面，我们提出品牌是为了降低三个成本：社会监督成本、顾客选择成本和营销传播成本。对品牌营销传播的一切工作，一切动作，从命名、标志、包装、广告到所有的一切，我们都要从成本的角度去看它，要用最低的成本，要花费最少。

在品牌资产原理这部分，我们增加第二个角度，投资的角度，资产的角度。花的钱不仅要少，而且不是花掉了之后就花掉了，而是让广告变成储存罐，还要能作为资产攒下来。攒下来之后，50年后我还能够从中得到利息。有了这块资产，我可以不断地用新产品的开发去贴现这个资产，把它再变出钱来。

这里记住三个原则：

第一，钱不是花掉了。花那个钱办的那个事儿，它不是费用，而是投资。

第二，由于投资形成了品牌资产，我在50年以后还可以持续地获得利息,做定期存款,每年都拿利息。

第三,除了每年拿利息之外,我还可以零存整取。每年我做品牌营销的花费,都变成了资产,以后我可以用新的产品套上这个品牌,去把我存在那里的品牌资产再贴现出来。

如何做到品牌资产的零存整取?

举一个50年都拿利息,用产品去贴现,品牌资产零存整取的案例,就是我们熟悉的华与华的案例——小葵花儿童药。

在2007年、2008年的时候,我们创作了小葵花的第一条广告片:"小葵花妈妈课堂开课了,孩子咳嗽老不好,多半是肺热,用葵花牌小儿肺热咳喘口服液,清肺热,治疗反复咳嗽,妈妈一定要记住哦"。这是我们最成功的广告片之一。

首先,从头到尾,除了中间妈妈问一句"怎么办呢?"那不到一秒的时间以外,其余全部是小葵花娃娃和那个包装的戏。就是画面上全部是小葵花娃娃和那个小葵花儿童药的包装,不像有的广告,演了半天戏,到最后包装才出来一下。

我要把小葵花这个形象投资成为它最大的品牌资产,让大家都记着这个小葵花来找儿童药。

其次,我的第一句话不是小儿肺热,而是"小葵花妈妈课堂开课了",所以,我在一开始就要建立小葵花妈妈课堂的品牌资产。这个小葵花妈妈课堂不是只为了卖小儿肺热咳喘口服液的,它是要卖所有的儿童药的。

通过十年的经营，今天小葵花已经成为中国最大的儿童药品牌。现在你到药店里去，都能看到我们的专柜，看到一整片的小葵花药。所以，小葵花就是它的品牌资产。

我在2007年和2008年创作的小葵花的第一条广告片，它把小儿肺热咳喘口服液卖起来了。但是，它的广告成本并不是作为费用流掉了。今天每新增加一个小葵花的产品，实际上都还能够取到我第一天投资的那个广告的利息。这就是拿品牌资产的利息。

◇ **用新产品不断贴现**

2017年，葵花开始做一个新产品，叫小葵花金银花露。

小葵花金银花露

金银花露就是用金银花做的一个饮品，但它是OTC的药品。很多企业都有这个品种，但是，如果想把这个产品做起来，就像当年做王老吉一样，那是一场豪赌。但是，由于葵花药业在做这个产品之前，已经有十年小葵花的广告，所以，当葵花药业开始去推小葵花的金银花露的时候，第二年就做到几个亿。我认为未来它是可以做到20个亿的，因为它是一款夏天清热解暑的饮品。虽然是药，但实际上它是防止小孩子中暑的饮品，是个儿童版王老吉，具有巨大的市场空间。

当它推出来的时候，并不是从零开始，而是在过去十几年已经有超过20个亿的广告投入的资产基础上，相当于它把过去我们已经贴现过很多遍的品牌资产，用一个新的产品又贴现出来，而且我们还可以要它贴现20个亿出来。

如果没有品牌资产的规划的话，就不可能有这样的投资回报效率，而这个品牌资产的规划，是从品牌名、品牌的符号、包装的形象，从最开始的第一句话，到整个过程当中的每一句话、每一个动作，全都围绕不断地获得利息和产品贴现的这个目标来设计的。

什么是品牌资产？

我们得给品牌资产下一个定义。品牌资产这个词，经常有人讲，而且越讲越复杂。我给一个最简单的定义：

品牌资产就是能给我们带来效益的消费者的品牌认知。

如今我们常常听到这样的说法，"品牌知名度""品牌美誉度""品牌忠诚度"，我认为，只有品牌知名度这个说法是准确的，其他两个其实是不存在的。品牌美誉度可以联系我前面提到的公关问题，什么才算你的品牌美誉度呢？不如做点实事。而品牌忠诚度，我认为也是一种自恋的幻想。我们有全部的义务忠诚于我们的消费者，但我们的消费者没有任何义务来忠诚于我们。

品牌资产这个定义的背后是华与华方法的一个基本原则，叫作始终服务于最终目的。

我们的最终目的，是要获得效益，能给我们带来效益的消费者品牌认知就是我们的资产。不能带来效益的，我们就不管它，这样就能排除废动作。

我们要的效益是什么呢？我们找顾客就要两个效益：

第一，买我产品，即购买我的产品或服务；

第二，传我美名，你得出去跟别人说我好。

买我产品是向我买，传我美名就是替我卖。这就是顾客对我们的两大价值。比如华与华需要西贝给华与华两个效益：一是购买华与华的服务，二是给自己的朋友说华与华好，推荐他们找华与华。西贝也需要它的顾客给它两个效益：一是去西贝吃饭，二是见人就说西贝好，推荐周围的朋友吃西贝。

既然要顾客买我的东西，那一定有一个购买理由，你去跟别人说这个东西值得买的时候，总得有一些话要说，这些就是供你识别、记忆和谈说的词语、符号、话语和故事。

比如说"我爱北京天安门正南50公里"这个例子，这就是它的品牌资产。

第一,它带来效益。西贝董事长贾国龙看了之后,特别想去看一下,"我的中央厨房是不是可以放到那里?"可见顾客看了这个之后,他有来这里考察、选择、购买、投资的冲动,这是其中一个效益。

第二,他会去跟别人说,就是"我爱北京天安门正南50公里"那个地方。

大家这样去说,正是我们当时在创作的时候设计的结果。所以,这句话就达到了"买我产品"和"传我美名"两个效益。

今天看起来好像大家都觉得很精彩,但是实际上在过去的十几年里,我是经过了很多次艰苦的说服,才把它保留下来的。因为曾经有的同志认为,这算什么?这就说了固安的一个地理位置,它没有把固安的发展成就表现出来。

乍一听很有道理,但是,你那个成就表现,只能满足你自己,并不能给你带来效益。顾客听了你的成就,说你GDP达到多少,纳税多少,政府财政收入多少……

第一,他记不住;第二,他也不会因为这个就来你这儿投资;第三,也达不到"传我美名"的这个效益。

他不会去跟别人说,去固安吧,它现在财政收入达到多少,它GDP达到多少,纳税多少。只有"我爱北京天安门正南50公里",既能够让他有欲望来买我的服务,也能够让他有话去传我美名,这才是品牌资产。

◇ 只做能形成品牌资产的事

品牌资产是能给我们带来效益的消费者的品牌认知，两个效益：第一，买我产品；第二，传我美名。

那么，了解品牌资产原理之后，我们做品牌就要有一个品牌资产观，这就是品牌营销的科学发展观。

品牌资产观是什么？就是能形成品牌资产的事我就做，不能形成品牌资产的事儿我就不做。做这件事儿可能有好处，但是，不能形成品牌资产，像放焰火一样放一把就没了，这事我就不做。现在我们每年都会看到一些"全网转发"的创意活动，但是两三天就过去了，什么都不剩。我把这些创意活动称为"品牌焰火"，可遇不可求，求了也白求。

很多时候我一听到企业说"品牌升级"就特别害怕，因为往往一说升级的时候，就是要抛弃过去的资产，再做新的东西。为什么要做新东西？因为焦虑，怕人家说我们没干活。

这种焦虑大可不必，我们要在过去的、老的东西的基础上，不断地重复去做那些能形成资产、利息，以后还能再拿东西来贴现的事情，以这样的思维去做品牌，时间越长，拉开的差距就越大。

我们来讲第二个品牌资产的例子——茅台。想到茅台，你会想到什么？会想到1915年巴拿马国际金奖，对不对？巴拿马国际金奖的含金量到底有多大，没人知道。但是，由于茅台一直讲，就讲成了资产，然后它现在每天都在吃这个的利息。

第二个能够带来效益的消费者的品牌认知，就是它的酱酒。现在大家都知道，其他的香型是可以调出来的，而酱酒是实实在在在那里放了三年、五年，才拿出来销售的。它是有超越其他白酒的价值的。随着时间的推移，消费者的消费知识越来越丰富，大家懂得越多，就越愿意喝茅台。

总结一下品牌资产原理，它的定义就是能给我们带来效益的消费者的品牌认知。我们要的效益是两个：第一，买我产品；第二，传我美名。

要他买我产品，就要有购买理由；要他传我美名，就要有供他去识别、记忆、谈说的词语、符号、话语和故事，这些就是我们的品牌资产。

品牌资产操作的指导方针就是能形成品牌资产的事情我就做，不能形成品牌资产的事儿我宁愿歇着也不做。

通过遵循建立品牌资产的方法，我们能得到以下效益：

第一，我们能不断地把过去的花费都变成投资；

第二，我们还能以新的产品不断地把过去攒在那里的品牌资产零存整取，把它贴现出来，可以说这是在一头牛身上剥好多张皮的做法。

◇ 品牌资产盘点

前面的内容讲解了品牌资产的概念，下面我们看品牌资产操作实务。分这几步：

第一步，品牌资产盘点；

第二步，品牌资产排序；

第三步，制定品牌资产目标；

第四步，品牌资产投资。

品牌资产就是能给我们带来效益的消费者的品牌认知，这个认知是什么呢？就像你认识一个人，你得知道他的名字、知道他的长相，还要知道他做的一些事情。因此，你就能够信任他，就愿意跟他打交道。这个认知就是我们前面讲的品牌资产。

这些认知一共都有哪些？我们盘点一下，这就叫品牌资产盘点。

我们拿西贝莜面村举例子，做一个品牌资产盘点。

第一，西贝最大的品牌资产是什么？任何一个品牌最大的资产一定是它的名字，因为没有名字就没法存在。

所以，"西贝"就是它的第一品牌资产。

第二，人们还知道什么？"I love 莜"。

有人还知道"25分钟上齐一桌菜"，这个很重要，这是能带来效益的。比如说我们中午要出去吃饭的时候，别人说去西贝吧，为什么啊？因为那儿上菜快呀，25分钟能上齐一桌菜，那就能够准确地预知我们什么时候能吃完饭回来。

我们在给别人建议说去西贝的时候，也会说，上菜快。所以，"25分钟上齐一桌菜"，这是它的品牌资产。

还有什么资产？你可能会想到莜面，想到面筋，想到牛大骨，这些都是你去的理由，以及你给人介绍的理由，所以它的一些招牌菜品会是它的品牌资产。

还有人会说，那个公司去过联合国。就像茅台拿过巴拿马国际金奖一样，刊登在那里，就是它的品牌资产。比如鼎泰丰，很多年前，有一张报纸给它评过一个奖，它一直都把那个荣誉挂在它的门口，这就是它的品牌资产。

◇ 品牌资产排序

进行了品牌资产的盘点之后，就要进行品牌资产的排序。品牌资产排序就是品牌资产投资的优先级。比如一共有四件事，只能说一件事儿的时候，我选择哪一件来说？可以说两件事儿的时候，第二件说谁？

还是以西贝莜面村为例，它的第一品牌资产是什么呢？我们刚才已经说了，肯定是名字嘛！第一品牌资产就是"西贝"，就是那个方形的标志。

确定这个东西的意义是什么呢？有的地方只够放一个东西的时候，就放名字。比如高速公路上的广告牌，汽车过得飞快，信息多了大家可能连你的名字都没看见，你做的广告不就白费了吗？

现在去机场的路，比如北京的机场高速，上面有很多汽车的广告，你有没有发现有一半的汽车广告你根本不知道是哪个牌子的车，你只看到一辆车在上面，看不见它的品牌，像奔驰、宝马、路虎这种识别度高的品牌还好，但是像什么丰田、本田等就很难辨别，我发现通常那些日本车的广告都不太容易看清。这就是因为它在品牌资产排序上没有处理好。

在首都机场高速广告牌上有两个华与华的作品：

华夏幸福高速广告牌

一个是华夏幸福，我就放了"华夏幸福"四个大字和企业标志，下面有一行小字：产业新城运营商。"产业新城运营商"这一行小字，你看得见就看，看不见就算了。因为华夏幸福的品牌资产排序，第一是"华夏幸福"这个名字，第二是那个logo，第三才是产业新城运营商。

另一块是华与华自己的，华与华的品牌资产排序是什么？第一是华与华的名字；第二是华杉和华楠，兄弟俩抱着手的那个标志性的照片。所以，我的广告牌第一上名字，第二上两个人的照片，第三是我们的方法论，也是我们的口号："超级符号就是超级创意。"

所以，在设计这块广告牌的时候，华与华+哥俩+超级符号就是超级创意。

华与华高速广告牌

我们再回过头来说西贝莜面村的品牌资产排序。

第一品牌资产是西贝莜面村字体标志；

第二品牌资产是"I love 莜"，也许有一天"I love 莜"能排第一，但是，现在还不是。就像耐克，最早那个钩上面是写有"NIKE"四个英文字母的，否则大家不知道这个钩是什么。但是，随着时间的推移，最后那个钩成了它的第一资产，而"NIKE"那个英文反而不要了。这是品牌资产排序的变化。

西贝的第三品牌资产是什么呢？我们也有一句广告语，叫"闭着眼睛点，道道都好吃"。这是很好的资产，很好的理由。说去西贝吃饭没问题，"闭着眼睛点，道道都好吃"。也可以跟别人说，咱们去西贝吧，"闭着眼睛点，道道都好吃"。

但是，这句话到现在知晓度还不高。原因在于"I love 莜"既是品牌符号，也是一句口号，顾客很难再记另一句了。而且我们本身也没有去对它进行投资。

华与华还有一个案例，就是汉庭酒店的口号，"爱干净，住汉庭"，我们把这六个字放在汉庭酒店的楼顶上，获得了很大的成功。西贝的贾总看到之后，他说："你看，汉庭这个'爱干净，住汉庭'挺好啊，我们也把'闭着眼睛点，道道都好吃'挂上店头试试。"

"爱干净，住汉庭"是六个字，"闭着眼睛点，道道都好吃"是十个字，六个字挂在大楼楼顶没问题，但十个字放在上面后,就没办法放"I love 莜"了。我说这不行,"闭着眼睛点,道道都好吃"最多只能排第三,不能排到"I love 莜"的前面去,喧宾夺主了。所以,这句话我们到目前还没有能够进行投资。

可以说"闭着眼睛点,道道都好吃"到今天仍然是西贝莜面村的一个品牌资产目标。但是,我到现在都还没有对它进行投资。主要问题是现在电视广告不好投了,要是放十年前,电视广告一投,全国人民都能像记住"送礼就送脑白金"一样记得这个口号了。

西贝莜面妹和时任联合国秘书长潘基文合影

既然我们把"I love 莜"排到第二,"闭着眼睛点,道道都好吃"能不能排第三呢?我们觉得前后两个都是口号,不合适。到第三,该说点具体事儿了。西贝莜面村走进联合国,所以,就把我们的莜面妹和时任联合国秘书长潘基文的合影照片作为我们的第三品牌资产。而且我还说,潘基文可能是最后一个大家还记得名字和长相的联合国秘书长了。把西贝莜面村走进联合国永远都放在菜单的第一页,我希望放上100年,它就像茅台的巴拿马金奖一样,也成为品牌的传奇资产了。

所以,一件事儿一直说,一直重复,一直重复。什么是传奇?时间长了就是传奇。

接着排,西贝的第四品牌资产是什么呢?是"25分钟上齐一桌菜",还是"不好吃不要钱"?都不是,到了第四应该是具体产品了。

品牌资产是能给我们带来效益的消费者的品牌认知,顾客为什么来呢?他总是冲着我们的产品来的,对于餐厅来说,就是冲着我们的菜来的。第四资产具体是什么,那不是我们能控制得了的。我们控制一个范围,几个招牌菜,不同的顾客有他自己喜欢的和记得的,然后我们把这些产品按季节来进行推广。春天有香椿莜面,儿童节有"家有宝贝,就吃西贝",有人会记得羊肉串,有人会记得面筋,有人会记得炝炒牛心菜。萝卜青菜,各有所爱,那就由消费者自己去排了。

接下来我们说说得到app的品牌。因为西贝是30年历史的老公司，而得到到2019年也只有3年的历史，所以，得到的品牌资产还在形成的过程当中，它跟西贝不一样。

我们把现在得到的品牌资产进行一下排序：

第一资产当然是得到app的名字，名字永远是第一，我们说过了。

第二就是罗振宇这个创始人IP。很多企业创始人IP都是它很重要的品牌资产，比如说马云就是阿里巴巴很重要的品牌资产。华杉和他弟弟华楠也是华与华很重要的品牌资产。

排到第三的就是罗辑思维，就是他在创业的时候最早做的视频节目。

从得到、罗振宇到罗辑思维，这是它成功的原因，但是，也是它发展的障碍。这就是它的问题。

罗振宇在最早一见我就说，如果不能把罗振宇和罗辑思维给弄到后面去，那我们就不可能成为一个大公司。

创始人IP这个话题，我再讲一下，因为经常讨论到这个问题，说公司的老板要不要成为IP，成为品牌。

我是这样看的：品牌资产，我们说要两个效益：一个是买我产品，一个是传我美名。我在这里讲一下我对创始人IP的看法：第一，肯定是好的；第二，它要成为一个媒体，而不是一个产品。之前的罗振宇成为一个产品，是买的理由，我来就是买罗振宇。如果你是一个购买的理由，那你能生产多少，就只能卖多少。

我也是，我只是咨询公司，我和华楠是买的理由。但是，如果客户都要我做的话，我的公司就只能做一家小公司，就没办法做成一家大公司了。

但是，我把华杉和华楠变成一个媒体，也就是广告代言人的角色，不要让我们成为人们购买的理由，而是成为人们谈说的符号。这就从第一个效益——购买理由的效益变成了第二个效益——传我美名。这是把握创始人IP的关键。

所以，创始人IP是非常有价值的品牌资产，但要看你具体扮演的是什么角色。一定不能是产品，要变成媒体。

所以，得到要有新的目标，就是要把得到的这些产品、这些课程给推起来，就把它们做成像西贝的面筋、牛大骨、羊肉串那样的产品。那么，得到的"面筋""牛大骨""羊肉串"是什么呢？就是《薛兆丰的经济学课》《梁宁产品思维30讲》《刘润5分钟商学院》《华杉讲透〈孙子兵法〉30讲》等等。这些资产才是能给我们带来效益、能让消费者购买和谈说的品牌资产。在2018年，我们升级了得到的品牌，比如华与华为得到设计了猫头鹰的形象，创作了"知识就在得到"这样的一个口号，是希望对这些资产进行统领。

得到最近几年坚持在做跨年演讲，这就像我们说植入春晚一样，找到一个文化母体。它找到了元旦的文化母体。还有新开设的得到大学，2019年开始的《知识春晚》，这一个一个的产品、服务和品牌活动的品牌资产的投资和建立，都不断在推动得到的发展。

总结来看，品牌资产的操作实务：

第一，盘点品牌资产，把所有的品牌资产都罗列出来；

第二，进行重要性的排序，品牌资产排序是营销、传播、投资的优先级；

第三，通过分析现在的品牌资产有什么问题，明确提出新的品牌资产的目标，要建立哪些资产；

第四，用行动和金钱去进行投资，所有投资都是时间和金钱的投资。

为什么品牌升级是个坑？

先从品牌资产流失讲起。品牌资产流失的事，几乎天天都可以碰到。

之前有一次，无意去到汉庭酒店，发现电梯上写了六个大字："净下来，去生活"。他们的品牌部门把"爱干净，住汉庭"小小地放到了下面，把"净下来，去生活"作为大标语。

我知道他们为什么要这样做，因为这是他们的"品牌升级"。"爱干净，住汉庭"这个口号是2015年开始使用的，到现在才四年的时间，就已经在汉庭的酒店里面改成了"净下来，去生活"。这就是一个品牌资产流失的典型案例。幸亏"爱干净，住汉庭"的大标语还在楼顶上，那个不太容易撤换。

在我20多年的职业生涯里面，花在防止品牌资产流失上的精力百倍于我为它们创作所消耗的精力。几乎每一个口号，都经历过这个痛苦的过程。

华与华在接到一个客户的时候，首先要做的是什么？就是先到企业的历史里面去寻找它现在有什么品牌资产，我们把这个叫作企业寻宝。

一个企业能够到华与华来寻求咨询服务，能够付得起这么多钱，通常它已经有一定的历史和规模，那它过去的成功是怎么得来的呢？总是因为它做对了一些事情，赢得了消费者的认可，消费者所认可的那些事儿就是它的品牌资产。

那么，它后来为什么走不动了呢？往往就是因为它品牌升级了。把过去的品牌资产给搞丢了，它觉得过去的东西太低级了。

前面提到过的案例都遇到过这些问题，所以，现在有些客户，跟我们合作之后很兴奋，说："哎呀，华老师，我们20年前就是这么做的，你把我们20年前做的东西又恢复了。"

是啊，20年前你一无所有，就是靠这个干起来的，干起来之后你就有资格瞎搞了，就有资格胡乱溜达了。等你溜达不动了，我就再把你拉到过去，回到最本质的做法。

有一个著名的广告故事，好像主角就是万宝路和它的广告公司，两个老板合作了50年，都是老头了。万宝路的老板说：

"咱们合作了50年,我付了你50年的钱,你就把给我做的第一稿设计用了50年,你这钱也赚得太容易了吧?"

广告公司的老板回答:"我容易吗?这50年间,为了不让你的人改掉这个设计,我付出了多少辛苦和努力。"

这个故事太打动我了,因为我想起来都是血泪史。阻止客户修改创意,告诉他真的不需要做新的东西,我为此磨破了多少嘴皮,撕破了多少脸。

当初我们的"一个北京城,四个孔雀城"也遇到了这个问题,在策划第二个孔雀城的时候就遇到了挑战。我第一个推出的是永定河孔雀城,前面提到过的拉价目表,放楼盘,放上价钱,那都是第一个永定河孔雀城,大获成功。

紧接着推出来就是潮白河孔雀城,但潮白河孔雀城推出来的时候,就没有永定河孔雀城那么火了。这个时候,大家就受不了了,销售经理不干了,代理公司也不干了,要找原因,结果他们找到一个什么原因呢?说因为我们叫"潮白河孔雀城",没有新鲜感,买孔雀城的客户都到永定河孔雀城去了。我们这里应该取一个别的名字,才有新鲜感,才有人来。

这是不是原因呢?我们说任何一个事情一定要找到真因,这不是原因。对方说:"华老师,你说怎么办?"我说:"就一招,一个字,等。"

很多时候就是需要等待,你不要跟时间较劲,你刚推出来人家还不知道,来的人就少。但是,很多人就不能等,华老师说等,看来找华老师是没用了,他们就悄悄地找另外一家公司了。这边付着华老师钱,华老师也不知道事情已经起变化了,那边就请了另外一家公司,取了一个新的名字,叫公园城。直到我在《新京报》上看到公园城的整版广告,才知道有人已经"造反"了。

我赶紧去找他们,等我找他们的时候,他们已经后悔了,因为公园城的效果更差。他们还是回到了孔雀城。后来的结果,就是整个孔雀城都火了。

◇ 焦虑让人做出很多废动作

所以,品牌资产流失是企业品牌营销当中最普遍、最严重的问题,造成这一问题的原因有两个:

第一是分析问题的时候找不到真因,继而就会做出错误的判断。

第二是焦虑,一焦虑就乱做动作。人在做出判断的时候,并不是很肯定自己的判断是对的,但是他焦虑。焦虑就要有动作,就要改一改,就要动一动。

所以,企业决策的很多动作都没有明确的目标和逻辑,而是决策者在缓解他自己的焦虑。

比如说恒大地产,当初搞粮油,搞恒大冰泉,那么恒大对粮油、快消品有任何见地和战略吗?完全没有,就是企业的战略焦虑，觉得房地产不行了，要转型。没想到之后几年房地产比任何时候都好，而恒大粮油和恒大冰泉反而搞得一地鸡毛。现在，又觉得房地产不行了，又要转型，所以，又要做汽车，这背后都是企业的战略焦虑。

那么多了不起的企业，那么多杰出的企业家都会因为战略焦虑而乱做动作，更不用说我们品牌营销部门的这些职业经理了。品牌资产流失主要就是决策者的焦虑情绪带来的，而焦虑情绪的背后往往是贪心，觉得成功来得还不够快，成果还不够大，然后就犯了儒家说的毛病，叫作"将迎意必"。

一心以为有鸿鹄将至，总是想着怎么还没有火起来呢？主观觉得会有更好的效果，然后就一相情愿，就要试一试新的方法，于是就走了弯路。或者就是业绩上的焦虑，你说什么都不干，那我们岂不是没干活？不做创意，不做一点新的尝试怎么能进步呢？品牌部每年一定要拍一条新广告，就是这种工作焦虑。

再举个例子，就是前面也提到的小葵花的广告片，"小葵花妈妈课堂开课了，孩子咳嗽老不好"，现在小儿肺热咳喘口服液的销售额一年大概是几个亿。我想说，如果当时我拍的第一条广告片永远不变，这十年一条新的广告片也不拍，就用那条片一直播到现在，我估计至少多1个亿的销售额。

其中有一年决定要请一个女明星来代言，我坚决反对，为什么呢？因为我们已经有了个品牌代言人，就是我们自己的小葵花形象。花几百万请来一个明星,这个女明星跟我们的小葵花形象在一起,他俩到底谁是主角,谁是配角呢?

如果小葵花是主角,那我花几百万请个配角来干吗?如果明星是主角,那我花几百万把我自己的品牌形象搞到后面去了,我又是干吗?这个道理非常清楚,但是,我没法说服品牌部的同事,他们总觉得要请一个明星。一个明星也许能带来一点什么,这就是一种侥幸心理,一种一厢情愿。当然,这个明星用上去之后,播了一年,觉得还是华老师说得对。现在大家对品牌资产就有比较一致的看法了。

葵花儿童药最核心的品牌资产就是小葵花娃娃这个形象,我们所有的品牌投资都集中在这个形象上面,广告里面全是它的戏,所有儿童药的包装上全是它。正是因为有这样系统的设计,我做一个产品的广告就能带动全系列,带动现在100个儿童药品种的销售。

所以,葵花的戏全部是小葵花的独角戏。如果我请来个明星,等于是跟它唱对台戏,是抢它的戏,那我是在进行品牌资产的自残。我也并不是反对请明星,比如说厨邦酱油,"晒足180天,厨邦酱油美味鲜",一直是李立群代言。我在十年前请了他之后,就再也没有换过。所以,所有东西都是尽量地重复,尽量地不变,只有重复才能形成资产。

总结一下,品牌资产的保值增值,重点是防止品牌资产流失。我们每一个企业，每一个品牌，每一天都有大量的品牌资产流失的废动作、反动作，而这些动作背后的问题，往往都是情绪的问题，就是我们的焦虑情绪。所以，我做的工作经常都不是品牌咨询的工作，而是心理咨询的工作。这个心理咨询的工作实际上背后也有完整的专业系统，就是管理心理学和行为经济学。现在，这两门学问越来越成为显学。

下面，我将以华与华为案例，讲解我们怎么去设定品牌资产的目标，怎么用一步一步的动作、投资，去把它实现。

◇ **华与华品牌资产目标**

华与华的目标是成为一家全球性的、代表中国智慧和品牌营销思想的公司。我要围绕这个目标，安排我的业务、我的广告、我的写作，这是一个整体的计划。

◇ **华与华品牌资产排序**

华与华在2002年成立，在2008年我开始给华与华投广告。既然投广告，那我就要先定一个品牌资产的目标。品牌资产，是能给我们带来效益的消费者的品牌认知。效益有两个方面：一是买我产品，二是传我美名。买我产品要有购买理由，传我美名就需要他记忆、谈论和传送的符号、话语和故事。

投广告，我们第一是要选媒体。围绕我的顾客——企业的高管、老板、企业家这些人的特点，我就选择机场、飞机上的杂志和机场的灯箱、机场高速来投放广告，这是能够触及我的目标客户群效率最高的媒体。从2008年开始，我们在中国航空、东方航空、南方航空三个航空公司的杂志上打广告，后来逐渐扩展到机场灯箱和机场高速的广告牌。目前，大概一年要2000万元的广告费。

第二是决定广告的内容。内容首先是什么？华与华这名字要大大的，这是品牌资产排序当中的第一品牌资产。那我的第二资产就是华与华兄弟的照片，这是提供给人们记忆、谈论和传送的符号、话语和故事。人们会说"啊，哥俩"，然后第一次见到我的时候又会问："你是哥哥还是弟弟？"这就是品牌资产。

在刚开始的时候，也有人说，你不要把自己的照片搞上去，好low啊，你画一个漫画什么的也行啊。不行，一定得是那张照片。有人又问，你要不要重拍啊？永远不会重拍，我死了之后也不会重拍。因为那是我的品牌资产。

品牌资产就是人们为什么购买你的产品和服务，以及人们如何记住你，如何谈论你。人好不容易记得你长那个样，你重新换一个，那就不对了。

第三，是不是"超级符号就是超级创意"？不是的，要从顾客会怎么说来评估你的资产，顾客会说："哦，华与华，知道，哥俩，飞机上有广告的。"是不是这样说？所以，有广告这件事儿本身就是品牌资产，因为你有广告，不仅证明你有一定的实力，而且证明你对自己有信心，你是公开的、透明的、接受监督的，广告投的时间越长，品牌资产就越大，因为你一直光明正大地在那里行不更名，坐不改姓。所以，华与华的广告是我投资的品牌资产，而不是我去看转换，来了多少客户。我的广告只会越来越多，不断地追加上去，而不是说我现在不需要广告招徕客户了，我就要把那个钱省下来。省钱是人世间最没出息的一件事儿。越有钱，越要散财，越要花钱。

特别是当我第一次买机场高速广告牌的时候，那一块广告牌就要1000多万元。很多朋友都不理解我，说你一年才几千万元收入，为什么花1000多万元去买那块广告牌？我说，现在也没房子买了，我就把我的钱存在那个广告牌上。我说，把钱存在京城的雾霾里，存在祖国的空气里，走到哪儿我都能呼吸到它。什么意思啊？意思是我买了一个品牌资产，无论走到哪儿，多少年之后，我都还能够从那里取得利息，还能够用产品去贴现。

第四，是不是到超级符号了？我觉得现在还没到超级符号。当然，超级符号在我的品牌资产里的排名不断地在往前走。但是到2018年为止，排在第四的还是我的案例。对于咨询公司来说，案例是它最有价值的品牌资产。因为顾客主要是看你的案例来的。

比如说我做了一个西贝，因为有这个案例，现在我有十个餐饮业的客户。咨询公司的案例就好像西贝菜单上的牛大骨、面筋一样。

◇ **华与华广告布局**

那有了这排行一、二、三、四的品牌资产，广告怎么设计就定局了，而且它一直是这样，广告版式永远都不要变，因为固定的版式本身也是消费者识别你的品牌资产，你一改又是品牌资产流失。

华与华以后的广告，我已经想好了对标的榜样，就是慕思床垫。只要提起床垫，你可能就会想起慕思床垫那个老头。他从来没变过，始终就是这样一个画面，而且始终就出现在机场的灯箱上。它的投放量也不大，卖得也挺贵，卖得还挺好。

为什么成功？因为它只做一个创意，然后就永远不改。因为它积累了它的品牌资产。

品牌资产就是这样建立的。我经常提到吃药三原则：药不能停，药不能换，药量不能减。

广告也是一样，投放永远不能断，上了广告就别下来，因为你是在存钱。就像买养老保险一样。我现在投这么多广告，那是在买养老保险。养老保险到期就得交,能中断吗?

很多人把做广告当成烧钱,烧一把赌一把,这我也不反对。但是细水长流,长期持续的广告投资比烧一把大火,然后又销声匿迹的广告效果要好得多。

用孟子的比喻,烧钱的广告就像是七八月间的暴雨,下起来惊天动地,河水暴涨,但是,很快就销声匿迹了。而那源泉之水,盈科而后进,才能汇成江河,流入大海。而且那些烧钱的人,他每一天都心急火燎地在等效果,没有效果他就要收手,前功尽弃。

以品牌资产观,以储蓄的观念去投广告的人,他不看一时的效果,只是一以贯之,只问耕耘,不问收获,效果自然而来。

◇ 华与华知识品牌资产布局

刚才提到华与华品牌资产排到第五才是"超级符号就是超级创意"。因为超级符号思想是我们的拳头产品,有顾客是奔这个来的,这也是我的品牌资产。

2013年我们出版了《超级符号就是超级创意》这本书,2019年我们又出版了《超级符号原理》,超级符号最终一定会成为华与华除了名字、华与华兄弟形象之后的第三资产。我甚至有一个理想,超级符号思想将超越华与华这个公司,成为人类的文化遗产。而华与华会作为超级符号思想的发源地而闻名。这将成为华与华最重要的品牌资产。不过，这还需要很长的时间。

作为一个咨询公司，一定要构建自己的知识品牌资产。为了构建华与华的知识品牌资产，我又布局了一件事，叫华与华文库。

在多年来和客户的互动交流当中，我深刻地感到品牌营销的决策只有极高智慧的人才能只看方案就能做出判断。大多数人能接受方案，主要是基于他对华与华和对我本人的接受和信任，而不接受方案呢，主要都缘于对方的怀疑和患得患失的情绪。

要解决这两个问题，需要新的更强大的品牌资产，也需要传统的思想武器。这个思想武器就是儒家思想。所以，我决定写"华杉讲透四书"系列。

但是要让顾客接受我讲四书，我还缺乏一个品牌资产。我突然写一本《华杉讲透〈论语〉》，别人凭什么会看呢？消费者没有我能讲四书这个认知，没有这个思想准备，没有理由去买《华杉讲透〈论语〉》，品牌延伸太远。于是我决定先写《华杉讲透〈孙子兵法〉》。

一个搞策划、搞咨询的，本身就是战略谋士，我的品牌资产能让人买《华杉讲透〈孙子兵法〉》。有了《华杉讲透〈孙子兵法〉》，我就有了国学老师的品牌资产，就能带动我的四书系列。这样我就先出版了《华杉讲透〈孙子兵法〉》，书卖了60万册，在得到的音频课也卖了10万份。紧接着才出版了《华杉讲透〈论语〉》，然后有了《华杉讲透〈孟子〉》《华杉讲透〈大学中庸〉》《华杉讲透王阳明〈传习录〉》。为了在这块资产上进行压倒性的投资，我又挑了一个最大的部头《资治通鉴》。2018年开始写《华杉讲透〈资治通鉴〉》，预计36册520万字，2025年完成。

《资治通鉴》之后我还会再花三年的时间写《华杉讲透〈史记〉》，因为《资治通鉴》和《史记》是中国历史上最重要的两部史书。我写这两部史书，战争的部分用《孙子兵法》来讲，和平年代的政治部分用《论语》、用儒家思想来讲，等于把这两部书做成了兵法和儒家思想的案例集。

所以，从《孙子兵法》写到《史记》，大概1000万字，几十本书，实际上是一本书，它就是"华杉讲透中国历史智慧"。我建立一个品牌叫"华杉讲透"，寄生到中国历史智慧这个文化母体上面，它会成为华与华这个咨询公司背后最强大的品牌资产，这就是我的布局。

2016年，《华杉讲透〈孙子兵法〉》在韩国出版。2019年初我在英国出版了《超级符号就是超级创意》的英文版*SUPER SIGNS*，*SUPER SIGNS*又是华与华新的品牌资产。这意味着什么呢？之前的中国咨询公司都是西方品牌营销思想在中国的代理商，而华与华是第一家向全球输出中国品牌营销思想的咨询公司。

No.1 华与华

No.2 华与华兄弟

No.3 航机杂志/航站楼广告

No.4 客户案例

No.5 华与华方法

No.6 华与华文库

No.7 华与华商学院

华与华品牌资产排序

中国已经是全球第二大经济体，我们是和中国第一代创业企业家一起成长起来的。我们的经验、我们的思想也有资格进入全球品牌营销思想库的殿堂。更何况，我后面还有《孙子兵法》。《华杉讲透〈孙子兵法〉》将于2020年在英国出版英文版本，以后我的讲透四书系列、讲透王阳明、讲透《资治通鉴》、讲透《史记》，全部会完成英文的全球出版。这是我的整个布局。这些布局会支持华与华在未来成为全球品牌咨询的企业。

为了布局这个，2019年，我也开始在海外媒体投放华与华的广告。2019年，我们第一家投的是新加坡航空公司，以后我想投全球主要的航空公司，不管你飞到哪儿，都能看到华与华。

总结一下，品牌资产是能给我们带来效益的顾客的品牌认知，效益包括两个方面：第一，买我产品；第二，传我美名。品牌资产就是帮助他识别、记忆、谈论和传说的我的词语、符号、话语和故事。

那么，我们要对这些词语、符号、话语和故事进行盘点，叫品牌资产盘点。盘点之后要排序，排出营销传播投资的优先级，然后在这些品牌资产里，我要决定把哪些挪掉，不要了，哪些我要留下来。我还需要判断未来服务于我的企业的发展，还需要什么样的新的资产。列出品牌资产的目标，然后再进行品牌资产的投资。这个投资投入的是时间、金钱，并且你要有一个路线图去完整地规划，一步一步地去做，最终品牌资产能让我们成为罗振宇所说的——时间的朋友。

◇ 华与华品牌三角两翼模型

华与华强调：始终服务于最终目的，随时回到原点思考。我们回到做品牌的初衷，做品牌要先弄清楚三个核心问题：品牌为什么会存在、究竟什么是品牌以及如何构建品牌。

前面我们用华与华理论体系中的品牌三大原理解释了第一个问题——品牌为什么会存在，究竟什么是品牌呢？

在说什么是品牌之前，我们还是先回到最原始的问题——"品牌的最终目的是什么？"很多时候，我们面对一个问题，当你找到它的最终目的之后，你会发现，这个问题往往就会被取消，因为我们都没有服务于最终目的，都没有在原点思考，都还停留在中间环节。所以我们首先要弄清楚做品牌的最终目的。

讲到品牌的最终目的，就要涉及品牌的几个参与方，涉及我们跟顾客、社会的方方面面。这里我们不展开来说，只说跟我们自己有关的，首先问我自身的目的，其实就是把我的产品卖出去。

可能你觉得没有品牌也可以卖出去。但是，我不仅要卖出去，还希望卖得多、卖得快、卖得贵。那么我们怎么才能卖得多呢？

卖得多有两层意思：一是买的人多，二是重复购买。再往下分析，卖得多的现象还有什么？下一次还买这个，介绍别人买,你卖什么顾客都买……我们就"贪得无厌"地再往下去想这个事情:邀请顾客高频次地重复购买,这个重复购买的频率是一年买一回还是一天买一回?

所以,虽然没有品牌东西也能卖出去,但要是希望顾客下一次、重复购买的时候能够找到我,就必须给顾客一个找到我的路径,因此我们一定要建立品牌。这就是品牌的目的。

目的的问题就说到这里,从目的我们再回到什么是品牌,我们来看品牌的定义。

在学术上有一个词,叫作"一滴水主义"。什么叫"一滴水主义"呢?大家都知道,半桶水响叮当,我们每个人都是半桶水。是半桶水,就很容易犯错误,那怎么办呢?

我的办法就是把这半桶水再倒掉一点,只剩下最后那一滴,就是惟精惟一、至精至纯、绝对正确、绝对可靠的那一滴水。我们以那滴水为基础,以那滴水为标准,以那滴水为思想、为理论,来指导我们的工作。

所以在解释什么是品牌上,我们怎么去找到这"一滴水"?答案就是查字典。

什么是品牌?

《现代汉语词典》对于"品牌"这个词是这样解释的:"品牌,就是产品的牌子,特指著名产品的牌子。"所以,华与华方法对品牌的定义是:品牌就是产品的牌子,是一个名字、一个符号,这个牌子下面有哪些产品,就是品牌的产品结构。话语体系就是产品及产品结构的逻辑,是一套事业理论、价值标准、选择逻辑、购买理由、命名规则、词语和定义,是品牌的文本系统。比如洽洽的话语体系——掌握关键保鲜技术,它的逻辑就是我有坚果,有瓜子,有整个一个系列的产品。话语体系就是我的一套标准。如果品牌名与企业名相同,还涉及企业的事业理论和企业文化,就是这个品牌的话语体系。比如我们想到华为,想到谷歌,会想到它的产品科学、品牌主张、事业理论和企业文化,这就是它的话语体系。

在《超级符号就是超级创意》一书里,我们说一个品牌,一个国家,就是一个符号系统;我们也可以说,一个品牌,一个国家,就是一套话语体系。比如《新闻联播》,就是中国的话语体系。

产品结构是物理的,话语体系是文本的,符号系统是符号的,这三条边,组成一个三角形,就是华与华方法的"品牌三角形"。从话语体系中提炼出的一句口号,我们称之为品牌谚语;符号体系中有一个核心,我们称之为超级符号;超级符号和品牌谚语构成让品牌起飞的两翼,加起来就是华与华方法的"品牌三角两翼模型"。它们的基础,是品牌三大原理。下图,就是华与华方法的品牌理论体系。

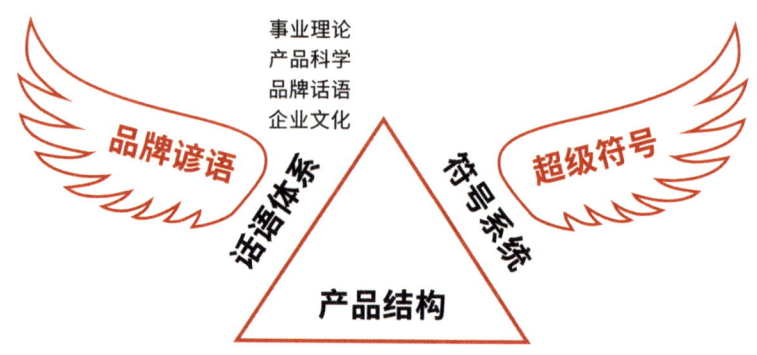

华与华品牌三角两翼模型

华与华就是基于这一品牌理论来帮助企业构建品牌的,在本书中不展开讲,我会专门写一本品牌理论书籍来阐释这一课题。

传播三大原理

传播第一原理：刺激反射原理

品牌是一个应用学科。所有应用学科，都要往它的基础学科去找。品牌的基础学科是传播学，传播学的基础学科是符号学，符号学的基础学科是心理学。

这一板块我们就从传播学这个角度来认识一下平时做的品牌、营销、传播和创意工作。

传播三大原理：

第一原理是刺激反射原理；

第二原理是播传原理；

第三原理是信号能量原理。

首先从刺激反射原理讲起。刺激反射，就是说所有的传播都是我释放出一个刺激信号，这个刺激信号要干什么呢？要谋求顾客的一个行动反射。这一点是关键，我们要的是顾客的行动。

◇ 刺激反射：回到行为的本质

我们传播的目的是什么？也许有人会说要建立品牌，要有好的品牌形象。你会提出很多很多的目标。也许这些目标都对，但是，所有这些都不是我们的最终目标。

我们的最终目标是要顾客购买我们的产品和服务。如果达不到这一点，那就是所谓的叫好不叫座。

有人会提出来，那我们能不能做出一个既叫好又叫座的东西？这个说法还不够准确，应该说我们要做一个先叫座，然后叫好的东西。叫好是在使用了产品和服务之后叫好。如果在之前叫好是什么？是对你的广告叫好。但是，没买你的东西。

开始要直接叫座，叫座之后使用了产品、体验了产品之后，觉得太好了，然后叫好，也就是向他的亲朋好友去说你的产品和服务好——替你叫座。这就跟我们前面部分提到的品牌资产原理联系起来了。

所以，我们不是要做一个既叫座又叫好的广告，而是要做一个既叫座又能让顾客替我们叫座的广告，就是要两个效益：一是买我产品，二是传我美名。这两个效益都是顾客的行动：第一是购买的行动，第二是向亲朋好友推荐的行动。你把这个逻辑理清了，就会特别清楚你在做事的时候需要做什么，你就不会做出那种所谓叫好不叫座的东西来。

所以，使用了刺激反射原理的广告，往往是直接诉诸行动的。

比如,"打土豪,分田地"就是直接诉诸行动。刺激反射原理是传播学的基本原理,但是,它的底层原理其实还是苏联生理学家巴甫洛夫提出来的,人的一切行为都是刺激反射行为,也就是说你的一切行为都是先受到外界信号刺激,然后做出行为反射。比如早上听到闹钟的信号刺激,然后做出起床的行为反射;路上看到红灯的信号刺激,做出踩刹车的行为反射;等等。

巴甫洛夫瞧不起弗洛伊德的心理学,他说根本没有什么心理学,只有生理学。他说你弗洛伊德分析这、分析那,都是你自己在分析,没有科学实验、没有数据,而生理学的条件反射有实验、有数据。

这里我也插一个题外话,虽然巴甫洛夫一直不承认心理学,但有趣的是,在他死之后,心理学界把他捧进了心理学大师的殿堂,还把他的学术领域命名为"生理心理学",所以,他最后还是被心理学打败了。

在巴甫洛夫的生理心理学的基础上,1948年,美国的数学家维纳创立了"控制论"。控制论把刺激反射的应用向前推进了一步,维纳说刺激信号和行为反射好像只有生物体里面有,机器里面没有。能不能把这个刺激反射的回路从生物体里面抽离出来,放进机器里面呢?就是给机器一个信号刺激,让它也做出行为反射。这样,他就提出了机器学习和机器繁殖的概念,也就是人工智能的概念。

现在最热门的人工智能的概念，其实已经研究了70年。与维纳同时代的还有一位美国的心理学家，他就是行为主义心理学的创始人华生。他直接推动了行为主义在营销传播领域的应用。行为主义就是你不要去猜他在想什么，你只管记录和统计他的行为。

那么，他把这套东西用来做什么呢？用来做儿童教育，就是我们经常看到的一些学习软件。给你个问题，你答了之后，给你个奖励，这个奖励就是给你刺激信号，这就相当于巴甫洛夫的铃铛。

华生后来做了美国智威汤逊广告公司的副总裁，把这套方法引入了广告界。

那么，结合维纳和华生的思想，我们发现，今天的大数据就是刺激反射。机器是不会思考的，那它是怎么预测你的行为的呢？它没有预测，它只是大量地统计刺激信号和行为反射的对应关系，然后对新的刺激信号做出行为反射的预测。

之所以详细地梳理刺激反射理论的发展脉络，就是要正本清源。只有看清这条脉络才知道我们今天的品牌、营销、方法，这些科学方法是从哪里来的，再落实到方法层面的时候，才能既知其然，又知其所以然。

巴甫洛夫、华生，他们都不承认"心智"的研究，在他们看来，所谓心智，都是你自己在"分析"，没有实验，也没有数据；而人的行为，是可以直接观察、记录和测量的。

现代营销理论两条线，就是心理学的两条路线，华与华方法是两条线混用，一条是从弗洛伊德、荣格到品牌原型、品牌形象理论，在华与华就是超级符号；另一条就是从巴甫洛夫条件反射到华生的行为主义，再到大数据营销，在华与华主要应用于销售现场改善，这部分我会另外写专著。

这里先谈怎么利用刺激反射原理写广告语。

一个有效的广告语总是谋求消费者的行为反射，比如说大家熟知的"送礼就送脑白金"，之所以会觉得它厉害，是因为它有很强势的行动反射，而且还用"就送"，这一个"就"字对人的影响是非常大的。所以，现在广告法会很注意。最早，我们国家的药品广告法就禁止用"就"字。

接下来我就讲一个华与华的广告语案例："爱干净，住汉庭"。

华与华广告语是怎么创作的呢？这个方法叫填空法。广告语是填空填出来的。

先写关键词，再填空。比方说我们要给汉庭创作广告语了，我就先写上两个字："汉庭"，然后大家鼓掌，因为我们现在已经得了两个字了。这是华与华方法的原则，就是广告语里面尽量要有品牌名，几乎所有成功的广告都遵循这条原则。

我们刚刚定下来第一个关键词，是汉庭。那么，我们要定第二关键词，到底我们要卖什么呢？

我们在开策略会的时候，曾经有两个方向的选择：一个是干净，一个是安静。后来觉得安静的定位会涉及门窗的隔音效果，以及这个酒店的建筑不要在很吵闹的地方，这不符合我们经济型酒店的特点。所以，我们就确定了第二个关键词：干净。

现在，我们写了两个词：一个是"干净"，一个是"汉庭"。大家可以鼓掌了。因为我们已经得了四个字了，如果我们的广告语要六个字，就只差两个字了。

继续填空。我们说了刺激反射原理，那么我们需要一个行为反射，酒店最需要什么行为呢？当然是需要顾客来住，那"住汉庭"就写下来了。也可以写"选汉庭""来汉庭"，但我们做很多的推敲选择，都没有"住"准确，那就选"住汉庭"了。现在我们只差一个字了。

最后这个字就是最了不起的创意所在。最后一个字怎么选呢？"很干净，住汉庭"，不怎么好。"更干净，住汉庭"？那竞争对手可能要来告你了，凭什么说你更干净啊！最后最伟大的创意想出来了，就是"爱干净，住汉庭"。当这个"爱"字想出来的时候，我们就真正地大功告成了，这就是华与华的广告语填空法。

所以说，定位为干净，这是策略，而"爱干净，住汉庭"，它就是艺术。这是什么艺术？这是修辞的艺术。关于修辞学的广告艺术我在后面专门讲，这是亚里士多德的学问。

◇ **不要说清、说服,要说动**

成功的广告语很多都是刺激反射的逻辑,广告讲说清、说服、说动三个层次,但是,只有说动,就是说了之后能让消费者行动,才是最终目的。而我们往往纠结于怎么把自己说清楚,结果怎么说也说不清楚。你要我一句话把华与华说清楚,我都感觉很难说清楚。

但是,说清楚并不是最终目的,最终目的是要客户买单。其实买单他不需要清楚,只要给一个购买理由,就可以买单。有人又纠结怎么能把消费者说服,你能说服他吗?你越说他越不服。所以,不能去说服,而是应该直接说动。

"爱干净,住汉庭"没有试图说清,也没有试图说服,但是,足以让人行动。所以,我要再次强调,行动才是最终目的。

广告语是修辞学的问题。所有的广告文案都是修辞学。

古希腊的亚里士多德开创了修辞学,他对修辞学的定义是:说服人相信任何东西,或者促使人行动的语言艺术。

可以说修辞学就是广告学的基础学科。

古希腊为什么会发展出修辞学呢?三个原因:

第一是它的政治。它的政治是广场政治,你要在广场上演说、辩论,要大家支持你的法案。

第二是它的司法。它的司法是什么?控辩双方、陪审团,两边辩论,通过问答来说服陪审团相信你的主张。

第三是它的艺术。古希腊歌剧,前面有演员对白,后面有歌队的演唱,这就让它发展出了修辞学的学术体系。

亚里士多德总结了修辞学四个要领:
第一,普通的道理;
第二,简单的字词;
第三,有节奏的句式,或者押韵;
第四,使人愉悦。

一、普通的道理

道理一定要普通,不能高深,你一高深,别人就跟丢了,就跟不上了。"累了,困了,喝东鹏特饮"就很普通。"你的能量超乎你想象"就很高深,人们就跟不上了。

二、简单的字词

字词一定要简单,说白了就是要朴实。能做到这两点的人,非常少。很多人在写文案的时候,目的就是不让别人看懂,就是要让别人觉得我高深,觉得我高雅,至少不能让人觉得我普通,觉得我简单。

"爱干净,住汉庭"这就是最普通的道理,最简单的字词。所以它获得了最大的成功。但是,往往人们不愿意用这样的东西。

在我20年的职业生涯里面,我经常听到客户说:"华老师,这样的广告会显得我们没文化吧?"我就怼他:"你这是自卑,因为自己没文化就老担心别人说你没文化,以后你像我这么有文化了,你就不会想这些问题了。"

我还经常听到这样的话:"华老师,这样太直接了吧?"我说:"我的天哪,就这么直接都担心人家没注意到,难道还要拐弯抹角吗?追女孩子都需要直截了当,你看那些拐弯抹角的不都拍成电影,最后成了一生的遗憾了吗?"

第三句话,经常听到的是:"华老师,您真是接地气。"唉,这话值得研究了。什么叫接地气,你不接地气吗?你不站在地上吗?你飘在空中吗?这就是一种不好的心态,总想飘在天上,不想站在地上,这是人性的弱点。

罗振宇曾经说过一句话,他说:"所谓高雅,就是一种理解的门槛,你不懂,我就高雅了。"这让我想起哲学家维特根斯坦的一句话,"我们从小受的教育就是,我们不应该欣赏我们能理解的东西"。

什么叫作高档?最高档的餐厅是怎么样的?是没有招牌的,只有熟人带你才能去的,一般人去不了的,那才能叫高档。但是,我们做营销,是要做那样的餐厅吗?我们是要做全世界所有人都知道的餐厅,所以,我们一定要把大字报贴遍全世界。

所以我做的营销策划工作,很多时候都不是在做专业工作,而是在做客户的心理咨询工作。

还是以汉庭为例。我之前讲过,到汉庭去看见他们贴上"净下来,去生活",干净的净,为什么会有这样的口号呢?因为很多同事还是接受不了"爱干净,住汉庭",他们觉得这么一句话贴在墙上太没品位,太直白了,而"净下来,去生活",这种有谐音,有一语双关的感觉,他们就觉得显得有品位了。

我专门就这个事儿强调一下,广告语不要使用谐音。很多人写广告语都要一些巧妙的、一语双关的谐音,但是,传播是一种听觉现象,而谐音是属于视觉的。

比如说,现在我跟你说"净下来,去生活",你能想到那个"jing"是干净的净吗?只有看到那个字你才知道是它。即使你知道是干净的净了,这个"净下来,去生活"到底在讲什么,你还是一头雾水。

汉庭的同事为什么要创作出这句话呢?因为他们是在"爱干净,住汉庭"的基础上创作出这句话的。但是,如果没有"爱干净,住汉庭"这句话,消费者能够读懂"净下来,去生活"是什么意思吗?消费者脑子里面有这个基础吗?没有。

所以,我们要时刻记住,我们和消费者的沟通一定要零基础沟通,一定要假定消费者对我们的了解是零,在这个前提下说话。而不是说,假定我所知道的消费者全知道。从这个角度你也更加能够理解亚里士多德修辞学原则的前两条:普通的道理、简单的字词。

三、有节奏的句式，或者押韵

这个太重要了，通过押韵、叠词、句式，让听到这句话的人产生情绪的共振。比如说"吃饭是为了活着，活着不是为了吃饭"。这句话你能反驳吗？竟无以反驳。只要你押韵，或者用上很强烈的句式，基本就无可辩驳。

"爱干净，住汉庭"，能反驳吗？
"晒足180天，厨邦酱油美味鲜"，能反驳吗？
"知识就在得到"，能反驳吗？
"新东方，老师好"，能反驳吗？
"一个北京城，四个孔雀城"，能反驳吗？
是不是都是斩钉截铁、掷地有声？

四、使人愉悦

简单地说，就是赞美消费者。华与华2003年做过一个广告，美罗牌胃痛宁片，广告语是这样的：

"胃痛？光荣！肯定是忙工作忙出来的！美罗牌胃痛宁片，您得备一盒！"

顾客正胃痛呢，什么？光荣？为什么光荣？肯定是忙工作忙出来的，一听就很愉悦，愉悦就带来了接受。

美罗牌胃痛宁片广告

所有的决策背后都是有情绪的，当顾客愉悦了，他就更容易做出购买的决策。

所以，与其在你的广告里关注你的品牌是什么调性，不如关注你给受众带来了什么样的情绪。你的调性都是自己在那儿搔首弄姿地表现自己，而情绪是你真正取悦于顾客的服务。

前面我们提到的广告金句，"人头马一开，好事自然来"。这个情绪多强烈，一开好事自然就来了。几年前我看到他们拍了新的广告片，广告语也改了，"人头马一开，人生更精彩"，这简直是对人头马的犯罪。

著名的红牛饮料，之前的广告语是"汽车要加油，我要喝红牛""困了，累了，喝红牛"。这既符合我们讲的刺激反射的原理，追求行动反射，喝红牛，又符合修辞学的普通的道理、简单的字词。后来改成"你的能量超乎你想象"，刺激反射没有了，品牌名没有了，这就是得不偿失。

有人会说，这是品牌升级。前面我们提到过，品牌升级就是品牌资产流失啊。

一个企业成功了之后，往往会做一些废动作，做一些没用的东西。而我们学习的人总喜欢盯着国际品牌，盯着知名公司，看它做什么，我就做什么。那也就跟着它掉进沟里面去了。

学习国际品牌，是一个历史学问题，比如说你要学可口可乐，千万别学它今天怎么做，当年它老祖宗就是像卖脑白金一样把它卖起来的。所以，你要知道这个历史学的问题，要知道它的创始人创业的时候是怎么做的，你去学他爷爷，千万不要去学今天那些在位的他爷爷的孙子。

传播第二原理：播传原理

传播三大原理之二，播传原理。播传就是把传播两个字颠倒过来，不是我传一个东西让它播出去，而是我播一个东西出去让它自己传开来。

我经常说一句话，广告语不是我说一句话给顾客听，而是我设计一句话让顾客去说给别人听。记住这句话，你马上就可以检查一下你们公司的广告语，是说一句给顾客听的话呢，还是一句顾客也会说给别人听的话。

不会说给别人听的话，就不能传起来，只是你把它播出去了，它没有传起来。这就是为什么我要把传播改成播传。我们找广告公司投放广告，媒介广告公司会给我们讲千人成本，讲到达率，就是说你能到达多少顾客，然后每到达1000个人的成本是多少。

千人成本在传播的总成本里面，它占的权重是多少呢？比如说是100%，那它很重要。但假如千人成本在传播的总成本里面权重只占10%呢？它就不重要了。那它到底占多少？我不知道。

在传播里面，最重要的是什么呢？除了到达率之外，我提出了一个新的概念，叫传达率。就是它能传起来吗？能传给多少人？俗话说，一传十，十传百，百传千，也就是说它的传达率是十倍。比如我说"新东方，老师好"，我花了一元钱使它到达了甲，现在我的一人成本，我们不说千人成本，是一元钱。然后甲把这句话告诉了乙，到达乙我没花钱，是甲告诉她的，那我的一人成本是不是就变成了五毛？如果甲告诉了十个人，那我的一人成本是不是就变成了一毛？

所以，传达率比到达率权重要高得多，如果播给他个东西，他不会告诉任何人的话，那他就没有十倍的效应。如果他能一传十，十传百，百传千的话，就有十倍的效应，这就是传达率的概念。

由于有了传达率的概念，我们创作广告语的标准是什么呢？第一是必须能传诵的话，第二是要传得广，第三是要传得久。

传得广是迅速传遍全国、全世界，传得久是最好能传诵1000年，至少要100年，百年品牌就需要能传诵100年的口号。

◇ 口语比书面语传达率高

什么样的广告语更容易被传诵，能够不胫而走呢？答案很简单，一定是口语，而不是书面语。所以，我们要讲播传原理，首先就讲到了传播的口语原理。

再看红牛那个例子,"困了,累了,喝红牛",这是口语。"你的能量超乎你想象",就是书面语。

口语和书面语是语言哲学的一个基本课题,索绪尔在他的符号学开山之作《普通语言学》里面说,语言学分两类:语言的语言学和言语的语言学。用英语说就是language和speaking,language是语言,speaking是言语。

在广告传播上面,我们是用language还是用speaking?当然是speaking,就是我们经常说的,说人话。说人话就是说口语。

在言语的语言学里面,语音又比文字重要,因为语音比文字出现得早得多,是最古老的交流方式。这个又属于人类学和生理学的范畴。在神经系统的刺激反射机制里面,人们对语音的记忆、识别和转换,都远远高于文字,而且文字本身也需要转换成语音才能被人接收。

哪怕你在看书的时候,也是在脑海里把文字转化成语音念给自己听的。

语音还有一个特征,就是口语语音它是属于耳朵和嘴巴的,口语也可以写成文字,也能看,然后嘴巴能说,耳朵能听。书面语是属于文字的,属于视觉的,属于眼睛的,只有看到那几个字,你才知道它在说什么。在日常交流当中,也很少使用。人们不会把一个书面语去说给别人听。

比如说,现在你在加班,你同事会说,哎呀,来,困了,累了,喝红牛,来一罐红牛吧。但你同事肯定不会跟你说,你的能量超乎你想象，来一罐红牛吧。所以，书面语只有到达率，没有传达率。

人们平时交流不会使用书面语。传播是一种听觉行为，记住，是听觉。一切基于听觉，基于口语来思考。哪怕我们在创作电视广告的时候，也要当成广播广告来做，把画面全部拿走，我也能达到传播的目的。

我前面提到的葵花牌小儿肺热咳喘口服液的广告——

"小葵花妈妈课堂开课了，孩子咳嗽老不好，多半是肺热，用葵花牌小儿肺热咳喘口服液，清肺热，治疗反复咳嗽，妈妈一定要记住哦。"

你看，这广告这么流行，它需要画面吗？没有画面，它照样可以独立地成立。有人还把它改编成笑话，说，"孩子咳嗽老不好，多半是废了，打一顿就好了"。这也是播传。

◇ 顺口溜比口语的传达率高

既然口语的传达率这么高，那么什么样的口语传达率最高呢？顺口溜的传达率最高，写广告语尽量写顺口溜。

一直有人说，你们公司就会写顺口溜，好像没文化的人才搞顺口溜。

在华与华，我们把广告口号的顺口溜称为品牌谚语。谚就是传诵，谚语就是在群众中传诵的短句，而且它是源于人们的经验和智慧。

比如：

种瓜得瓜，种豆得豆；

饭后百步走，活到九十九；

庄稼一枝花，全靠粪当家。

当你听到这些又精悍又押韵的谚语，你有什么感觉？是不是觉得都是人类的智慧，都是生产和生活的经验，是不是过耳不忘，是不是深信不疑？这就是谚语的力量。

这是一个传播学问题，也是一个语言学问题。

美国的传播学家沃特尔·翁写过一本书，叫《口语文化与书面文化》，副标题叫作《语词的技术化》。

我们做广告，做传播，就是在做语词的技术。沃特尔·翁主要研究口语套话，就是我们说的顺口溜。他说口语套话在文字出现以前，前文字时代，是人类储存知识、记忆知识和传承知识的主要容器。注意他用的这个词，是一个容器。

我们使用一个词、一句话、一个符号，都是在打造一个信息的容器。它是个信息包，是个信息的压缩包，是个信息的炸药包。把我们要传达的信息存在里面，而最有效率的容器，前有超级符号，后有顺口溜，就是沃特尔·翁研究的口语套话。

沃特尔·翁还讲了一个惊人的秘密，他说，人们对口语套话有一种天然的信任，顺口溜能绕开人的心理防线，直接溜到人的脑子里去。

"饭后百步走,活到九十九。"你会怀疑它是假的吗?

"爱干净,住汉庭。"你会对这样的话设防线吗?

为什么有这种效果?心理学把这种现象叫作催眠。催眠不是让你睡着,而是通过一些固定的句式或者修辞,让你相信。

人不可貌相,海水不可斗量。

晒足180天,厨邦酱油美味鲜。

因为朗朗上口的押韵,人就很容易忽略其中的逻辑,把前后的事物联系起来,再加上押韵的短句,很容易记忆和传播。重复得多了,人们就坚信不疑,这就是顺口溜的播传效率。

而书面语,比如说,"你的能量超乎你想象",一听就是在打广告,顾客的心理防线马上就竖起来了。我在跟江南春交流华与华的广告语方法论的时候,他给我总结了三句话,我觉得更精彩。他说主要看:顾客认不认,员工用不用,对手恨不恨。

首先,你说一句话,"爱干净,住汉庭"。顾客得认。其次,你的员工也得用,你的员工说,困了,累了,喝红牛,员工会用,员工不会在推销的时候跟顾客说,你的能量超乎你想象。最后,就是对手恨不恨,你一下子把一个东西占了。你看汉庭酒店旁边通常都有一些其他同级别的快捷酒店,别人楼顶上就竖着某某酒店的招牌,它的楼顶上竖着"爱干净,住汉庭",你说对手恨不恨?员工用不用?顾客认不认?

这就是押韵的厉害,顺口溜的厉害。像这一类的顺口溜,我们称之为谚语。什么叫谚语？就是古老的智慧和长者的忠告，"爱干净，住汉庭"是一个忠告，我们称之为"品牌谚语"——让你的品牌口号成为谚语。

◇ 歌诀比顺口溜传达率高

有没有什么言语形式比顺口溜还厉害呢？播传效果更强呢？有，就是再把顺口溜编成歌谣唱起来。所以，这就是为什么广告歌这么有力量。

当年成吉思汗征服世界，要给万里之外的大将传递命令，这个命令不能写在纸上，因为怕传令兵在路上被敌人抓住，抓住不就把命令搜出来了吗？靠死记硬背吧，又怕他记不住。怎么办呢？干脆就把这个命令编成歌谣，让他唱。先编好，然后教他唱，一遍一遍，唱好了？唱好了。好，那就出发吧。传令兵就骑着马一路走啊一路唱，到了万里之外的地方，找到那个大将，唱给他听就好了。

所以，文字一旦被嵌入旋律当中，就更容易被记住。当你唱歌的时候，几乎用不着刻意去回忆歌词，歌词都会脱口而出。所以华与华非常喜欢写广告歌，购买使用版权，改编流行歌曲为广告歌，比如改编"我爱台妹，台妹爱我"为傣妹餐厅广告歌——我爱傣妹，傣妹爱我。改编《爱拼才会赢》的"三分天注定，七分靠打拼，爱拼才会赢"，成为莆田餐厅的广告歌："三分靠厨

师,七分靠食材,掌握好食材!"下面是歌词全文,大家可以试着按《爱拼才会赢》的旋律唱一遍,看看怎么样:

莆田餐厅掌握好食材
莆田餐厅原味福建菜
我们掌握好食材,上山又下海
万水千山找寻好食材

掌握好食材,原味福建菜
要上山,要下海
莆田 PUTIEN
上山下海为食材
三分靠厨师,七分靠食材
掌握好食材

莆田餐厅掌握好食材
莆田餐厅原味福建菜
我们掌握好食材,上山又下海
万水千山找寻好食材

掌握好食材,原味福建菜
要上山,要下海
莆田 PUTIEN

上山下海为食材

三分靠厨师，七分靠食材

掌握好食材

◇ 学会"去文字思考"

关于广告语的创作，我总结了一个秘诀，叫作"去文字思考"，只考虑语音，不考虑文字。在创作的时候，你要先假设没有文字，或者消费者不识字，你也不识字，你应该怎样表达和推荐你的产品。这样创作出来的东西，播传的效率最高。

还有，如果你想训练自己写口语套话、顺口溜的能力，一定要去读一读《荷马史诗》，因为《荷马史诗》整篇都是口语套话，而且我印象最深的是那些大神一说话的时候，都说某某某说出有翼飞翔的话语。翼就是翅膀。这句话太传神了，就是说他说的那些长了翅膀的话，不仅在当时传遍整个特洛伊战场，而且飞向天空，飞向时间，飞过三千年，一直飞到今天，我们还知道他们在特洛伊战场上说了什么话。

我们进行广告文案的创作，也是要写下有翼飞翔的话语，让它传遍所有的消费者，让它传诵100年，为我们建立百年品牌。

我们说传播的关键不在于播，而在于传。要他传起来，一传十，十传百，百传千。

我们还要追求在时间上的传，因为要建立百年品牌，就要有百年广告语。广告口号能不能传100年，甚至传1000年呢？我看历史上也有。"借问酒家何处有，牧童遥指杏花村。"这个杏花村酒家，它不就传了1000多年吗？

在华与华，我们创作广告语的标准就是管用100年。

我们怎么知道一句口号能不能管100年呢？我们有一个检测办法，可以检测这个口号能不能用100年。

怎么检测呢？就是把这句口号放到100年以前去看，100年前能不能用，如果100年前能用，100年后大概也没问题。

2019年的广告，我们就放到1919年去测试一下。比如说"爱干净，住汉庭"，放到1919年上海滩一个酒店的楼顶上，有没有问题？没问题吧。"晒足180天，厨邦酱油美味鲜"，放到1919年去用，有没有问题？也没问题。

所以，华与华创作广告语的质量标准就是100年的质量标准。比如我们给得到创作的广告口号，它的质量标准是400年，为什么呢？得到的口号是"知识就在得到"，这句话的原型来源于400年前培根说的，"知识就是力量"。它已经成功地跨越了400年继续流传。

◇ 信号刺激越强，行为反射越大

华与华还有一句管用1300多年的广告口号，就是给台湾王品集团旗下的一个餐饮品牌"鹅夫人"（主打产品是烧鹅）设计的。华与华给它创作的广告语是"鹅，鹅，鹅，鹅夫人"。它的原型是1300多年前骆宾王写的诗"鹅，鹅，鹅，曲项向天歌"，顾客看到这句口号都能念出来，能传诵。这句诗已经流传了1300多年，所以说这句口号也可以再用1300多年。

有人就说，你这个观念也太老土了吧，现在是互联网时代，日新月异，我们都在思考怎么跟90后、00后沟通，你还往100年前去看？

这个问题我经常遇到，总有人问我："华老师，你觉得现在我们应该怎么跟90后沟通啊？"我就反问他一句："跟80后沟通你会吗？跟70后沟通你会吗？反正都不会，怎么跟90后沟通就着急了呢？"总是焦虑90后到了极点，就像李宁服装一样，搞出一个90后李宁，结果造成了巨大的营销灾难。

品牌资产来源于重复投资，如果能重复投资100年，再普通都是品牌资产。如果用一阵子换一个，用一阵子又换一个，那就没有积累。如果你今天研究90后，明天研究95后、00后、05后，那不是每五年就要重来一回吗？那怎么能建立百年品牌呢？

播传原理是，你播一句话让人去传，可是别人刚传开，你又换了一句，那前面的不就全部损失了吗？

所以，播传原理除了要传得广，还要传得久，至少要传100年。百年品牌，要有百年口号。

传播第三原理：信号能量原理

信号能量原理是什么意思呢？第三原理和第一原理是相关的，第一原理我们说，传播的基本原理是刺激反射原理，发出刺激信号，谋求行动反射。第三原理就是说刺激信号越强，则行动反射越大。

巴甫洛夫整个理论的基础，就是两句话：
第一，人的一切行为都是刺激反射行为；
第二，刺激信号的能量越强，则反射越大。

我们还拿"爱干净，住汉庭"举例子。想一想你在哪里见过这句广告语？在汉庭酒店的楼顶上。大大的六个字，字号跟小时候家乡县城百货公司楼顶上的"春节快乐"四个字差不多大。没错，我就是按这个来设计的。因为这样信号能量才够强。如果这六个字不上到楼顶，不在夜里还闪闪发光，而是变成一个小卡片，放在汉庭酒店房间的床头柜上，它就没有这个效果了。

所以，我们讲传播的到达率，放到床头柜上它也到达了，但是信号能量太弱，没有影响力。就像你摸到一个杯子很烫，你的手赶紧就得缩回去。如果只是温温的，那你就没有什么反射。

◇ 媒介越贵，信号能量越强

信号的能量用在广告的媒体上，就一句话：信号越贵，能量就越强；媒体越贵，效果就越好。这个原理也是一个底层逻辑，是经济学对广告的解释。

我们前面在讲品牌的社会监督原理的时候，讲到过经济学用博弈论来讲品牌的重复博弈机制。对广告呢，经济学也有一个解释，两句话：第一，广告是企业为了解决信息不对称而给顾客发的信号；第二，信号必须足够贵，如果信号不够贵，则信号无效。

听起来是不是很耳熟？"只买贵的，不买对的。"没错，这就是买广告的经济学原则，也是信号的能量原则。信号越贵，能量就越强。华与华一直坚持执行这个原则。

从2008年开始，我就一直在国航、东航、南航三大航机杂志上打广告。因为我觉得它们是高端的。

但是，慢慢地，三大航机杂志上的咨询公司广告多了起来，于是我从2015年转投了北京机场高速的广告牌，那一块广告牌一年就要1000多万元。这个广告信号最大的能量就在于它贵，贵本身就是信号，这就是麦克卢汉在他的名著《理解媒介》里面说的，媒介即信息。那个媒介本身就是最强烈的信息，它传达了华与华的品牌，传达了华与华的决心、志向、自信和承诺。

如果我把我们哥俩的照片贴满全国的电线杆，也到达顾客了，但是，我们只能是江湖游医，就不能成为知名咨询公司的创始人，因为那个信号的能量太弱了。

◇ 占据最贵的信号能量场

现在，请思考一个问题：假设你做了一个新的T恤衫的品牌，你这个T恤衫要卖1000元钱一件。请问，你如何发送信号，使这个信号的能量能够强到足以让任何人都承认你的T恤衫确实值1000元钱？

我问过很多人这个问题，经常有朋友说，我上中央台打广告啊。我说，上中央台打广告，只能证明你是大品牌，但不能证明你是一件衣服能值1000元钱的品牌。

那么，正确地发信号的方式应该是什么呢？应该是到北京的星光天地，或者到上海的恒隆广场去开店，把你的店开在爱马仕或者阿玛尼的旁边，你把那个店面租下来卖T恤衫，所有人进来时对你的心理价位都是1000元以上。

为什么呢？因为你选择的地点租金最贵，贵本身就是信号。我花钱租下了爱马仕旁边的店面，就给人传递了一个信号，我的T恤衫是跟爱马仕一个档次的，我已经付了很高的租金。我卖1000元就变得很容易让人接受了。

信号能量原理其实也可以解释关于品牌营销传播的一切工作，我们研究超级符号，研究口语套话，不也是为了获得文化母体的原始力量，获得那个洪荒之力吗？所有的创作都是为了聚集最大的信号能量。在传播上也是一样的道理，进一步把能量放大，投最贵的媒体：在中国就投春晚，在美国就投橄榄球的超级碗。

十几年前，我们拍电视广告，就专门到后期去调音量，在电视机同等音量下，咱们的声音能比别人大。如果你有印象，看电视的时候，某一条广告突然声音大起来，那就是我们做过手脚了。

还有呢，字体也要加粗加大。这些都定下来了，下一个要注意的就是一直重复，不要改变。就算是投放量没那么大，但是，重复10年、20年就成了经典。

华与华的广告口号从一开始上航机杂志，定下"超级符号就是超级创意"之后，十年下来，我们也没有改变。总之，动作要少，而重复的时间要长。

传播的信号能量原理：信号能量越强，则行为反射越大。那怎么去加强信号的能量呢？

我们先看一下现在大部分的广告人都在追求什么。我讲三个：

第一种，就是追求创意。大家经常转来转去，说是泰国神广告。你有没有注意到一个问题，泰国有神广告，但是却没有神品牌。如果它的广告那么好的话，为什么没有那么多大家都熟悉的泰国品牌呢？

就是因为它的广告里面只有创意故事，没有商品信号，它基本都不释放商品信号。这不就是拿客户的钱去拍自己的小电影吗？它的商品总是在最后一个标版才露一下。所以，泰国的广告人是全世界最不合格的广告人，全是文艺青年。就好像拍电影，拍文艺片跟商业片的差别一样。

华与华在广告创作上面更多的是学习日本的广告。日本也有很多很好的创意，很精彩的广告，但是它从来不会忘掉它的商品。从头到尾都是产品的包装在演戏，包装是主角。

第二种，就是所谓追求高雅的品位。整个广告都是为了显出它自己高雅的气质，但也忘记了商品的信号。

如果把产品包装放得大大的，放在画面的正中间，他就觉得不高雅了。所以，它一定要把产品的包装在平面广告里小小地放在右下角。这也是没有商品信号的广告。

第三种，就是所谓的追求精准投放，不要广告，要窄告。但是华与华认为，这种精准投放，往往会导致它的信号能量不够强。越是窄告，信号能量就越弱；越是广告，信号能量就越强。所以，华与华方法的信号能量，在广告的内容、形式和投放上都是反其道而行之。

那我们怎么加强广告的信号能量呢？

字体要大，音量要大

广告的字体要加粗加大，如果是视频、音频，那么音量就要加大。有些人听了，可能会说，这不是最恶俗的手法吗？字体加粗加大，是一个最简单的道理。但是，很多人都不能理解。你想想，你买一个平面的广告，以前我们做报纸广告，是半版广告的效果好，还是整版广告的效果好？是整版对不对，因为整版比半版大。其实字体也是一样的道理。

生活中所有的道理都是相通的，比如说上学的时候，老师一进教室，大家就要起立，大声说"老师好"，这是在干吗？这就是在用一个极其强烈的信号来唤起那些打瞌睡的、走神的同学注意。有没有觉得恶俗呢？没有吧。

现在我们在公司里面开会，在华与华的大会议室里，我们还专门有一个分贝仪，分贝仪是用来测噪声的，我们就用它测发言人的音量，我们要求发言人的音量必须达到75分贝。

我们经常夸一个人"声如洪钟",如果你发言的声音像蚊子嗡嗡叫,那就是给大家催眠,也没有人在意你说什么。所以说,音量越大,说的事儿就越重要。这是人类学的道理,也是我们传播的信号能量原理。

学信号能量原理,就要学会字体加粗加大。如果是快消品的广告,就要把包装的比例放大。如果又请了明星代言,可以让明星举着包装盒挡住自己的一只眼睛。眼睛是心灵的窗户,我们看人会先看眼睛,那另一只眼睛的位置就留给包装盒。否则给明星的脸留的位置太大,我们的包装盒太小,商品的信号能量也就弱了。

珍视明广告

胃痛宁片广告

字体加粗而见者远,音量加大而闻者彰,君子性非异也,善于放大信号能量也。

色彩要纯,反差要大

就是尽量地用对比色,用纯色,用专色。

我之前讲过西贝莜面村标志的例子,原来的方块标志在红色上面加了黑,我们就把黑全部拿掉,恢复大红色。为了说服客户这个红色是有文化的,我还引用了《论语》里的话,"恶紫之夺朱也"。紫是紫色,朱是红色,周朝的国家标志色是红色,但是贵族都喜欢穿紫色的衣服,所以,孔子非常厌恶紫色压倒了红色。

红色它要给你加黑,到了黑色的时候呢,它又不愿意了,要变成灰色,最好是浅灰色,越浅越好,叫作什么?叫高级灰。

这个高级灰的病也是非常流行,我举一个大公司的例子:万科。

万科改了标志,新标志首先是字体非常细,然后"万科"两个字用浅灰色。有一次我在长春,在一个万科项目的楼顶看到万科的招牌,"万科"两个细骨伶仃的灰色的字和后面用于支撑的灰色的铁架子混在一起,在灰色的天空映衬下,完全就是一团乱麻,什么也看不见。后来万科自己大概也意识到了这个问题,又改了一次,把字体加粗了一点。

万科楼顶的招牌

再说色彩，哪些图形和颜色的信号能量最强呢？其实这个很简单，就是交通标志和警示信号的图形和色彩，都是信号能量最强的，也是华与华最愿意用的。你看足力健老人鞋的标志，就是一个交通标志的变形。

你再多看一下华与华的作品，就会发现我们用了很多交通标志的颜色和形状。

◇ 影响范围更广更贵的媒体

信号本身的能量原理我们讲清楚了，接下来我们再讲讲信号发送的渠道，也就是媒体的能量。

之前我引用了经济学的广告信号论，说信号必须够贵，否则信号无效。媒介也是，媒介越贵，传播效果就越好。

你投了央视春晚，或者美国橄榄球的超级碗，那叫什么？四个字——耀武扬威。你把你的广告投到首都机场高速的大广告牌上去，那叫大闹天宫。人人都知道你厉害。

现在大家投很多的互联网媒体，下面就讲讲传统媒体和互联网媒体的区别。

广告还有一个性质，就是必须广。之前有一个说法，叫窄告，就是相对广告来说的。有人认为广告太费钱，所以要把广而告之改成精准投放，只投给目标消费者，这就叫窄告。

那么，我现在就告诉你，窄告无效，因为信号能量不够。

前面我们讲了传播不只有到达率，还有传达率。除了传达率之外，还有到达的信号的能量。而现在我告诉你，窄告无效。比方说劳斯莱斯的广告如果只到达买得起劳斯莱斯的人，如果只有买得起劳斯莱斯的人才知道劳斯莱斯，那么他就不会买劳斯莱斯了。因为人是社会动物，品牌是身份符号，是属于全社会的，不是小众的。

就拿我自己来说，华与华作为一家咨询公司，开展的是B2B的业务，目前一年只服务几十个客户而已，比劳斯莱斯小众多了。但是，华与华必须是全国知名的公司，才能够做得上这几十个老板的生意。

我自己有一个切身体会，有一个老客户跟我合作了十五六年，关系非常密切，十几年来差不多每个月都见面。但是，这位老客户对我的印象始终是十几年前我们刚开始合作时的状态。

直到有一天，他在北京机场高速见到我的广告牌，因为他知道这个牌子一年要1000多万元，他才重新认识我。在见到我的广告牌之前，他总是跟我说，你呀，一年就服务五个客户，把五个客户做好就行了。等他看到我的广告牌之后，他就跟我说，你啊，要做成像麦肯锡那样的公司。也就是说，虽然我经常跟他一对一沟通，但他对我的认识还是全社会对我的认识折射到他身上，才能够形成的。

所以，从这里我们也能看到互联网媒体和传统媒体的能量差别。总有人说,现在互联网时代传统媒体怎么怎么样,华与华是从来不在互联网媒体上花一分钱的。在互联网媒体上面,我们会自己去生产内容,或者购买别人的内容,但是,我不会去花广告费。

把广告变成窄告,甚至变成一对一沟通,性质就变了,信号能量没有了。

广告界流传着一句话:我知道我的广告费浪费了一半,但我不知道是哪一半。这句话就太坑人了,因为他只认识到了广告的到达率,而对传达率和信号能量完全没有认识。

◇ 压倒性投放:广告要"广"

兵法的原则就是压倒性的投入,我们要的是成功,而不是把广告费省一半回来。

2018年,我几次下乡走市场,无论是在新疆,还是河南,所有的小城镇到处都能看见OPPO和vivo手机的广告牌。它们会在一栋楼上放很多的招牌,有时候甚至会把一幢居民楼的每一家的阳台都做上它的招牌。你说,这些招牌哪一块是浪费的呢?这是要把信号能量最大化,这就是它们成功的原因。

vivo密集广告

有人会说，华老师，你那都是传统理念，现在互联网时代不一样了。我回答过这个问题。有一次演讲，一个观众问："华老师，进入移动互联网时代，传统的营销方式不管用了，我们应该怎么办？"我当时就回答他，我说："你的口气好大呀！"他一听就惊讶了："我怎么口气大了？"

我说："好像传统的营销方式你会似的，如果过去对传统营销方式你曾经会过，那你就不会说什么东西过时了。"

下面就讲讲流量课题。因为一讲互联网营销，总是在讲买流量和流量转换。事实上，流量转换是一切销售最基本的原理，总是先有流量来，然后才转换为销售。

获得流量的三种方式

流量从哪里来呢？流量从这三个地方来：第一，从渠道来；第二，从广告来；第三，从品牌来。

从渠道来，比如说你在大街上开了一个商铺，你交的租金买的是什么呢？买的就是每天从这条街经过的人的流量。

从广告来，就是你通过广告的投资让顾客知道你，或者有了购买的兴趣，让他来购买你的产品。

从品牌来是什么意思？就是消费者是认你的品牌直接来找你。这时候，你的流量成本就是零。所以我们要讲流量转换，首先就要讲流量的成本。

这是你获得流量的三种主要方式。

有了互联网，特别是有了搜索引擎之后，我们就有了一种新的流量获取的方式：购买关键词。顾客通过搜索关键词，导入我的这个店里面来，也可以转换为购买。这些不同的方式，它们之间的区别是什么？我们又如何来进行选择呢？这个问题比较复杂，我现身说法，来讲讲我怎么去获取流量。

不买关键词

华与华首先不买关键词，比如说什么营销策划、品牌、广告、创意，所有跟我业务相关的关键词，我一个都不会买，但是这并不会影响客户找到我。如果是能够认定华与华的人，他想办法也会找到我们。想要找华与华，他直接搜索"华与华"不就行了吗？但是现在有的搜索引擎，你就是搜索"华与华"，华与华不给它交钱，它把"华与华"这个关键词也卖给别人了，客户在搜索"华与华"的时候排在最前面的是什么？是其他的营销咨询公司。

在这样的情况下，我还是不买。并不是我认为买它没有用，而是买它要花钱，我可以把这个钱用在别的地方。从我自己的实践来说，我把它全部投入购买传统媒体的广告上面。

从2008年开始到现在，我一直在中国航空、东方航空、南方航空三家航机杂志上面投放广告，然后又在首都机场、浦东机场投放机场灯箱的广告。

这个出发点是什么呢？就是当我去投互联网关键词的流量购买的时候，我的流量成本会怎么样发展？它会越买越贵。

如果买"营销策划"，由于有其他公司去竞价，购买关键词的成本会越来越高，最终会发展到你赚不到钱。但是如果我把钱投入自己的广告，流量成本会越来越低。因为如果我买的是"营销策划"的关键词，那么我的钱是投资在"营销策划"这个词上面，我帮助它把这个词越卖越贵，而我自己没有半点积累，没有投资在"华与华"的品牌资产上面。

所以不管我花多少钱，这些钱都花掉了，它不能储蓄起来。但是当我把钱投入华与华的品牌广告的时候，我投资的时间越长，我的品牌资产的储蓄就越大，我的流量成本就越低。而我的目标、原则是把我的流量成本，除了硬广告的投入以外，降到零。怎么去把它降到零？就是让我的品牌，让"华与华"直接成为流量入口，让顾客直接搜索"华与华"。

◇ 做广告不要想着省钱

"我知道我的广告费浪费了一半,但我不知道是哪一半",这句话是我经常抨击的一句话,我认为这是对广告业危害最大的说法之一。因为这句话的潜台词就是想省钱,我能不能把我浪费的那一半钱省回来,而想省钱的人是一定没出息的。就好比我派兵去打仗,派了1万人上去把仗打赢了,我回来开始反思总结,我怎么派了1万人呢?我能不能派5000人去就把仗打赢了呢?是不是有5000人浪费了呢?这是不是一个荒唐的思维?

我们要做成一件事情,讲究的是压倒性的投入,永远不要去精细化地算投入产出。但是有了"我知道我的广告费浪费了一半,但我不知道是哪一半"这个说法,有人就开始想了,我能不能把我浪费的那一半省回来呢?你有什么想法,就有人开发产品卖给你,于是就有了购买关键词的这样一个广告模式。你所指的浪费不就是你投放了广告,但是别人没有看到吗?如果你只为看到你的广告的人付费,不就没有浪费了吗?听起来好有道理。

所以如果按点击付费,就是让你的广告费实现了百分之百的到达率,但百分之百的到达率是不是就等于浪费为零呢?我的意见是,这种购买关键词的百分之百的到达率,就意味着你的广告费全部浪费了。为什么全部浪费了?因为这种购买关键词的广告模式,它有一个定价机制,那个定价机制又是一种竞价机制。这种拍卖式的竞价，它的价格就会自动涨到你刚好挣不到的高度，你的钱全部给流量商了。

我有一个朋友，他每年做2000多万元的销售，购买关键词流量要付1000多万元，付完这个钱刚好就够他明年还能继续经营，他也死不了，但是他一辈子都赚不到钱。

所以说这个百分之百的到达率实际上是一种假象，在流量销售商的定价公式里面已经都算过了。据说现在"不孕不育"这样的关键词，点击一次已经要2000元了。如果你是一家治疗不孕不育的医院，今天你2000元还能买，明天可能就有人出价2500元，这个价格永远会高到你们赚不到钱。而且由于你一直投资的就是"不孕不育"，大家都来投资"不孕不育"，那么"不孕不育"这四个字就越来越值钱，而你们这些医院的品牌永远没有出路，永远一分钱都没有。所以，是你们自己在花钱，不断地把自己脖子上的那根绳子越勒越紧。也就是说，你们自己把自己卖了，还在帮别人数钱。

有了关键词按点击付费的这个模式之后，有人觉得还是浪费了，如果说顾客买了我的产品和服务，我才付广告费的话，那我觉得这就是真正的百分之百不浪费了。听起来很有道理，但我们还是要讲背后的定价机制。当一种广告的定价机制是购买之后才付费，这个价格应该定到多少？如果是看到你的广告你才付费，这个价格可能定到你的脖子。如果是购买了你才付费的话，这个价格应该定到你的鼻孔下面，你也不要吃了，有口气留给你就可以了。这就是经营的天理,谁担风险谁挣钱,你要想一点儿风险都不担,你就一分钱也别想挣。

我说我不买"华与华"三个字的关键词,别人买了"华与华"的关键词,他以为他拦截了我的客户,实际上他也是在帮我打广告。客户一看,哎哟,他还蹭华与华的流量,那还是华与华牛啊!因为我们买什么关键词,就是我们大家花钱去投资哪一个词。

在这里,我要提出一个新的词汇,叫"流量主权",还会讲一个概念叫"流量越狱"。也就是说,从监狱里面逃出来,掌握自己的流量主权。

讲一个案例:我们有一个朋友,十几年的老企业了,开始的时候做得非常好,打广告,到商圈做活动,都做得挺好的。后来出现了互联网买流量营销,他们一看,"这互联网营销真是太好了,真省心了,只需要买关键词,客户自己就来了。我只管干活就好了"。于是,他们广告也不打了,营销活动也不做了,全都使用"互联网思维"了。

这样轻轻松松地做了几年之后,他们发现这个关键词是越买越贵了。最后贵到离谱,贵到看不懂了,说怎么有人还肯出这么多钱?流量成本越来越高之后,再想自己打广告,已经不可能有预算了。你不可能又买流量又打广告,你哪有那么多的预算呢?这个时候他们就开始想了:"商铺租金也太贵了,我不如把大街上的店关掉,搬到后面背街那个写字楼的楼上去,这样的话，租金不就大幅降低了吗？用这个租金省下来的钱，我不又可以去买流量了吗？"

我把这个过程叫作什么？就像吸毒一样，叫作"流量吸毒"。吸上了互联网流量的"毒品"，戒不掉了，为了筹集"毒资"就搬到写字楼里面去了。而街铺是什么？街铺本来是自带流量的，你在街上就有每天过路人的流量，到了写字楼，那不就没有流量了吗？这就等于把自己关进流量商的"流量监狱"里面了。每天都等着那个流量商来送牢饭，而这个牢饭不仅越来越贵，饭菜的质量还越来越差，这就是流量主权没有了。这个时候就需要"流量越狱"，要逃出这个监狱，重建流量主权。

◇ 不要计算投入产出比

要重建流量主权，首先就要我们改变财务的思维，就是要抛弃投入产出比的思维。我刚开始跟一个客户合作的时候，负责市场部的老总告诉我，他说他们最近在互联网上搞了一些营销活动，用了什么什么方法，投入产出非常清晰。我都没问他用的什么方法，我直接就说，那产出肯定不高呗？他说，你怎么知道？我就跟他讲了上面的这番道理。只要是人人都算得出来的，那肯定就是卡着你的脖子，直到你没利润为止。

他说，现在你说不清投入产出比，那财务部都不批预算给你，这个问题就大了，这就是公司的官僚化。哪个老板在他创业的时候知道投入产出比？如果都能知道的话，那所有的项目可行性报告都成了事实了。

营销是基于预期的投资，投资就有风险，投资的决策完全是靠个人的智慧。至于技术，那是大家都有的基础资源。火枪出现的时候大家都有火枪，机枪出现的时候大家都有机枪，原子弹出现的时候大家都有原子弹，那最后打仗就用不了原子弹了。所以凡是投入产出可控、可计算的，就是全国人民都有的技能，你一点优势都没有。作为一个经营者，一定要把风险担过来，因为利润和风险是一个硬币的两面，当你不要风险，你也就走向了死亡。

那么流量在哪里呢？流量就在你自己身上，只有自己投资，投资给自己，如果失败了，那么愿赌服输，才有未来。这就是流量主权。

◇ 用好你自己身上的流量

我们再讲讲街上商铺的问题。比如说我在大街上开一家店，大街上每天经过的人流就是我的流量；我在中央电视台打广告，在电梯媒体打广告，或者在地铁里打广告，建立的都是我的品牌，让人家来找我，这就是我的流量主权。但是我在网上买关键词，买的肯定不是自己的品牌名字，买的是"营销咨询"，买的是"脱发增发"，买的是"婚纱摄影"，这都是品类名词，那就没有主权，我的公司就变成了流量商的殖民地。没有主权，那条命都不是自己的，就成了别人的肉鸡。

有人就说没办法，我们一直在买流量。你说的道理我也明白，因为确实赚不到钱，但是现在也不可能有钱再去打广告，那怎么办呢？我也并不是完全反对你买流量，虽然我是绝对不买的，但我也知道已经"吸上毒"的人，不能一下子都给你撤了。流量的魅力在于马上买，马上有，而广告有滞后效应，而且滞后之后还不一定有效应。但是你自己身上就有流量，自己就是最大的媒体，这是华与华对自媒体的定义。

就像我们每个人一样，华杉最大的媒体就是华杉他自己，厨邦酱油最大的媒体就是厨邦的酱油瓶，洽洽每日坚果最大的媒体就是它的包装。商品自从来到世间，它的每一个毛孔都流着流量的血液，从取名字到包装设计、招牌、店面、每一个物料，都是流量转换的战略工具，销售的全部原理就是流量转换漏斗。

我在大街上开一家店，第一步转换是什么？有多少人看见了我的店。第二步，看见了有没有停下来？第三步，停下来有没有走进店里面来？第四步，在进店之后，他有没有买东西？每一步我们都有办法去进行改善和提升。

你想想顾客每天在街上走，他可不记得街上的每一家店，怎么能让他知道有一家你的店呢？那就要看你的招牌和门脸的设计了。如果你通过招牌的设计，能把转头看了你一眼的人，从1000人变成2000人，那么你的流量转换就增加了一倍。

下面这张图就是广州的牛小灶牛杂煲,一个卖牛杂的小吃店的招牌。看看华与华设计之前的和设计之后的样子,你看看它能不能把注意的流量提升一倍。事实上,每家店的店面改造完之后,销售量都提升了30%。

牛小灶旧门店

牛小灶新门店

再看下一个案例,也是小吃店,广西的三品王牛肉粉。第一张图是华与华设计之前的,第二张是设计之后的,重新设计了招牌和店面。每一家店改造后,销售额也提升了30%。

三品王旧门店

三品王新门店

北京最大的烘焙连锁店味多美,也是华与华给它重新做的设计。味多美最畅销的产品是招牌老婆饼,原来一盒是12只,卖24元钱。我们在店门口竖了一个大灯箱,"招牌老婆饼两块钱一个",那么进店的人一下就多了,老婆饼的销量翻了一倍,而整个店的销量提升了18%。

味多美旧门店

味多美新门店

这是不是通过招牌和海报这些最简单的工具，就让我们在街上的流量转换得到了提升呢？

再看下一个案例，是华与华给绝味鸭脖做的店面改善案例。这个改善案例被客户评价为价值1个亿的改善，为什么说这个提案值1个亿呢？因为通过这个方案，每个店的销售额提升了18%。提升18%差不多15个亿，增加15个亿的销售就是增加1个亿的利润，所以说这个提案值1个亿。

那么这个价值1个亿的提案做了什么呢？原来在绝味鸭脖店面后面的墙上有四个灯箱，上面写着的是他们的品牌定位，比如鲜香、麻辣之类的。我们首先把这四个灯箱变成TOP5推荐菜单，也就是最畅销的五个产品，顾客一来一看，是不是就根据这最畅销的五个产品直接点单了？就不用看你的鲜香、麻辣了，这就提高了销售转换率。

其次，这个鸭脖不是放在冰柜里面吗？冰柜的外壁不是对着大街吗？原来在对着大街的冰柜的外壁上面他们打了四个字，叫"用心做鸭"，这是这个品牌的口号。我们把对着大街的冰柜的外壁，也给它改成了一个灯箱，上面放上鸭脖的照片，然后写上"招牌鸭脖"，再打上价钱。原来招牌鸭脖的价钱是多少呢？是39.8元一斤。由于打了39.8元一斤，那么顾客来的时候他也不知道买多少。问你要多少？他说，给我来一点吧。要多少呢？那来10元、20元吧，因为一斤他肯定是吃不了的，对不对？那我们把这个39.8元一斤，改成了19.9元半斤。改成19.9元半斤之后，就给了顾客一个明确的购买指南，多数顾客来的时候，直接一看，就来半斤鸭脖。一个对着外面的灯箱，到了晚上的时候，街对面的人看见都来了，也就是说我让大街上的流量提升了。原来只有从街的这侧路过的人能看见，现在街对面的人也走过来了。

特别有意思的是什么呢？原来我们是39.8元一斤，而周黑鸭是23元钱一盒，它大概是300克，那么我们显得好像比它贵。现在我们是19.9元半斤，我们的消费者的购买成本显得比周黑鸭更低了。

所以仅仅是这样一些简单的创意，就能够让销售额提高20%，这一切基于什么？都是基于你有流量主权。你的动作能够马上给你带来效益。

那这个流量转换是转换成什么？转换成销售对不对？如果你认为流量转换只是转换成销售的话，你就失去了一大半的生意。流量转换主要是转换成品牌资产，转换成销售那是我今天实现的，而转换成品牌资产，则是我的万世基业。

持续改善前

- 改善前的整体门店

- 改善前的店内四个灯箱

- 改善前的产品陈列冷柜

持续改善后
▼

• 改善后的整体门店

• 改善后的店内四个灯箱

• 改善后的产品陈列冷柜

后 记
找到四个痛点,学做"圣人公司"

这本书,是我将《超级符号就是超级创意》一书中的部分内容抽离出来,重新整理扩展而成的,所以和《超级符号就是超级创意》一书的内容有部分重复。

当初写《超级符号就是超级创意》的时候,我实际上是挖了一个大坑,因为那本书不仅讲了超级符号,还有非常大的跨度和信息量。后来又经过两次增补再版,跨度就更大了,涉及企业战略、品牌、营销、消费者行为等很多的课题,每一章都可以单独写一本书。

超级符号思想本身也需要再丰富,华楠说他来写,于是他出版了一本《超级符号原理》,但是他忙于公司经营,不像我几乎是半职业写作者,所以他那本书只是提纲挈领,篇幅太短。虽然比拉斯韦尔《世界大战中的宣传技巧》稍长一些,也足以传世,但是对于非专业读者来说,还不够详尽。所以,超级符号的理论和实务,我也会在他的框架下,以后重新再写一本专著。

现在这本书，是一个新的起点，介绍华与华方法的基本理论框架，主要是九大原理，包括企业三大原理、品牌三大原理、传播三大原理。这些内容在之前《超级符号就是超级创意》书里，大部分都有涉及，但是没有像这样明确地提出来。这次我把它们系统地阐述清楚了。

此外，本书对华与华的战略方法论——企业战略"三位一体"模型——有所发展，就是书中归纳的菱形模型。同时，对华与华其他涉及企业战略和品牌战略的方法论，如企业三大定位、五个市场模型、围棋模型、价值之轮，也做了展开。所以，这本书比较偏重于讲战略。

华与华方法的整个体系，我称之为集中、西、日之正道，究其"道统"，我有一长段话：

孔孟王道、阳明心学、孙子兵法、科斯原理、德鲁克哲学、熊彼特理论、迈克尔·波特战略模型、丰田之道、华与华方法。

集中、西、日之正道，正道是什么呢？我以为，正道就是圣人之道，是做以天下为己任的"圣人公司"。

圣人是儒家思想，在今天看来，我倒觉得日本形成了一种"儒商思想"，有一批"圣人企业家"，比如松下幸之助、丰田章一郎、稻盛和夫这样的人，还有一些不像东芝、丰田那么显赫的小企业，比如提出"年轮经营"的伊那食品社长塚越宽,提出"清扫改变世界"的东海神荣社长田中义人等,都有强烈的圣人情怀。

什么是圣人呢,一是才德全尽,尽善尽美;二是修身齐家治国平天下。

我在公司讲,华与华的企业文化要建立圣人文化,大家开始时吓了一跳,后来我讲出具体标准和道理来,就都觉得也可以着手了。

首先是不要求你在个人生活中做圣人,只要求你对客户做圣人,对供应商做圣人。这就很简单了嘛,就是华与华核心价值观——"不骗人,不贪心,不夸大",其实前三个字就够用,能做到不骗人就是圣人。

基本上没有人能做到绝对的不骗人,我们也不给自己那么高的要求和压力,只要求做到绝对的不骗客户,不骗供应商,这就是圣人企业的员工了。

所谓人人皆有良知,每个人本来都是圣人,只是有了私欲,就蒙蔽了自己。我们对客户的私欲,无非就是要他的钱,我们可以完全不考虑这个钱,不揣摩他心里想什么,不投其所好,只问事情该怎么做,给他我们最真诚的意见;如果我们自己心里也没数,就告诉他我不知道。这就是完全没有私心,品德达到至善了。

存天理,灭人欲。给客户把事情做好,是天理;希望和他建立稳固的合作关系,就是人欲。只管把事情做好,不管他接不接受。接受就继续，不接受就离开，这就是儒家价值观——用之则行，舍之则藏；这就是孔子的态度——合则留，不合则去，绝不尸位素餐，贪恋禄位，枉道事人。这就是对客户做圣人了。

我们对供应商的私欲呢，无非也就是拖着不付人家钱，或者压榨供应商，让人家生不如死，还不得不干。那么，我们只要在自己预算范围内，就与供应商共存、共荣、共享，扶持供应商发展，不要认为压价就是正义。在付款上，不要认为拖欠就是免费融资，按华与华的规定，提前三天付款，这就是圣人了。

才德全尽，才呢？有没有给人做到最好呢？要尽心尽力，不遗余力，做到世界第一，全世界最好。世界第一怎么理解呢？我们每个人，都有一个全世界对我最好的人对不对？对客户，我们肯定是他在这个世界上所能遇到的最好的供应商；对供应商，我们肯定是他在这个世界上所能遇到的最好的客户，这就是世界第一！很具体，你马上就可以对号入座检查一下。

我们老是讨论企业是要做大还是做强，这两个想法都不对，都是自己的私欲，不是顾客导向。正确的思考是要把产品做好，把对顾客的服务做好，做到最好。大还是强，都是结果，这是圣人的思维。

竞争不是谁能打败谁，是比赛谁能把公司做到最好！什么样的公司是好公司呢？日本伊那食品社长塚越宽说，谁都认为它是好公司的，就是好公司，这个"谁"，是四个角色，四好公司：

1. 员工认为它是好公司。

2. 顾客认为它是好公司。

3. 供应商认为它是好公司。

4. 社会认为它是好公司。

这就是我理解的圣人公司，也是华与华追求的，并与所有客户共勉的目标。看上去很简单，实际上深入骨髓的深刻。多少公司，顾客认为它好，但是员工、供应商、社会，可能不都认为它好。多少公司，有的顾客认为它好，有的顾客认为它不好；没问题的时候是天使，有问题的时候就是魔鬼。这不都是很普遍的吗？能不能在所有人面前，在所有时间，都做一家好公司？这就是圣人公司。

那么，圣人公司的员工，平时应该怎么工作呢？人人都可做圣人的修炼心法，就是在日用常行中知行合一。

比如，我擦一张桌子，我就想，如果是王阳明来擦这张桌子，他会怎么擦呢？那我也就这么擦，那么这张我擦完的桌子，就是换王阳明来擦，他也不过如此！在擦桌子这件事情上，我就和圣人一样了。

我出门送客，我就想，如果是孔子来送客，他会怎么送呢？他会目送到客人远去，看不见了，再转身进屋。那我也一直目送招手，等客人的车转弯看不见了再转身。那么在送客这件事上，我也是圣人了。

如此这般，每件事都代入圣人想象一下，然后按圣人的标准去做，你就是圣人了。

做圣人公司，光是有菩萨心肠，对谁都好，这还远远不够。你要有本事，要有大本事，多大本事呢？要有天大本事！天大本事，就是以天下为己任，为社会解决问题。比如我是做茶叶的，我不是去想，中国为什么没有一个品牌做得比立顿大，我要为中国争口气！这是自欺欺人，你心里想的不是为中国争口气，是自己的征服欲，是霸道，不是王道。

你要想的是，中国人这么喜欢喝茶，但是，各种茶叶良莠不齐，品质价格没法分辨，消费者买不到货真价实的好茶，还有茶树的品种，土壤的修复，农药的残留，茶农的生计，这些问题，都需要人来解决。谁来解决？我来解决！

要解决社会问题，就要有四个痛点：

1. 顾客的痛点。

2. 行业的痛点。

3. 社会的痛点。

4. 自己的痛点。

顾客的痛点大家都懂，抓住顾客的痛点，才能创造价值，才是好的产品和服务。行业的痛点呢，很多行业问题，劣币驱逐良币，这是谁的责任？我的责任！谁来解决？我来解决！由顾客、行业再放大到社会，各个利益相关方，以及地球环境，可持续发展，这些事又由谁管？还是我来管！这就是以天下为己任。

我读托克维尔《论美国的民主》，其中有一段讲美国人的话，我觉得正好可以用来讲我对企业的理解：

> 一个美国人经常会对自己有一种夸大的认识，但这种认识几乎总是有益的。他相信自己的力量，毫不畏惧，觉得可以战胜一切。他头脑里冒出一个想法，想要干一番事业，而这番事业直接关系到社会公益，这时候，他不会去向政府求助。他先进行宣传，然后实行自己的计划，在亲自克服一切困难之时，也号召别人助他一臂之力。也许，他完成得不像政府那么出色，但从长期看来，由无数个体完成的事业，其总成就要大大超过政府可能的作为。

这就是本书中说的，企业战略不是企业的战略，而是企业为解决某一社会问题，为社会制定的战略。你要对自己的企业有一种放大的、有益的认识，把自己的企业，当成社会的公器，制订战略计划，去改变世界。

第四个痛点，自己的痛点，就是你的志向。王阳明说："持志如心痛，一心只在那痛上，哪有工夫说闲话？管闲事？"好茶没有做好，运输和储存过程没有保管好，把茶糟蹋了，你心痛不心痛？消费者没有喝到好茶，喝的全是以次充好的垃圾，你心痛不心痛？如果自己心不痛，前面三个痛点也痛不起来。

自己心痛，才是真痛，另外三个痛点才能痛。比如奔驰女坐引擎盖事件，那顾客买了车是坏的，她要退货，什么是顾客痛点？这不就是她现在最大的痛点吗？结果呢，销售商不和她一样心痛，制造商也不和她一样心痛，出了次品、废品，他们不痛心，他们心痛的是钱！居然赖着不退钱！这自己的痛点，与顾客、社会的痛点不重合，就没法做一间好公司了。

所以，起点还是自己的诚意、正心，然后修身、齐家、治国、平天下。诚意正心，是你为顾客心痛，为员工心痛，为供应商心痛，为社会心痛。修身，是你的自律，于华与华，就是不骗人，不贪心，不夸大。齐家，一是建立企业文化，公司每个人都是一样的价值观；二是建立战略、组织和高效率的经营活动组合，能提供最好的产品和服务，并协调各方，为顾客和社会解决问题。平天下，就是你建立了全球最领先的技术和最优商业模式，能成为全球市场的领导者。

这是一个综合的系统，在个人修养、经营技术和社会博弈三者之间协调平衡，而整个华与华文库，也就是按这个框架展开。之前的华杉讲透系列，我已经把《孙子兵法》《大学》《孟子》《论语》《中庸》和王阳明《传习录》写完了，现在每天在写的《资治通鉴》和之后要写的《史记》，是孙子兵法和儒家思想的案例集。未来我的研究和写作重点，主要还是转向后半部分。

华与华方法本身不是既成之物，而是生成之物，每一天都在进步,每一天都在生成新的思想。

我广传华与华方法的思想和法则,从不担心被他人学去而给我培养了竞争对手,相反,我需要人的帮助,需要更多人加入我们的研究。

善为天下公,要诚意正心,切己体察,事上琢磨,知行合一,不断钻研。世界这么大,我们缺少的,永远是品德和智慧。

华杉

2020年3月31日

华与华图片史

一、公司简史

2002

7月,华与华在广州天河建和中心大厦成立,初创期一共5个人。

△ 华杉在建和中心办公室办公

2003

12月圣诞夜,华与华迁往上海南京西路。

△ 设于南京西路中欣大厦的办公室

2006

8月,华与华投资成立读客图书公司,将华与华方法应用于出版业。

△ 华楠与熊猫君

△ 读客Logo

2008

5月,投放中国三大航机杂志广告,国航《中国之翼》、东航《东方航空》、南航《南方航空》,持续至今,从未间断。

△ 三大航机杂志广告

随后,华与华又陆续在北京机场、上海虹桥机场、浦东机场和深圳机场投放公司广告。

△ 北京机场航站楼户外高炮广告

△ 上海虹桥机场T2航站楼灯箱广告

2013

11月,出版《超级符号就是超级创意》。一经出版,就横扫当当、京东、亚马逊新书排行榜,被《人民日报》推荐为"30个领域的入门书"之一。

2014

华与华聘请台湾"开放智慧"公司,运用引导技术,召开"裂变"大会,正式启动华与华合伙人制度。

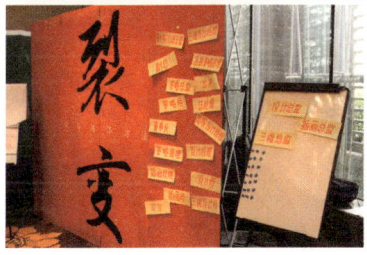

△ 裂变1现场照片

2015

华与华聘请尚和管理咨询公司,正式引入TPS丰田管理方式。

△ 每月TPS培训会

△ 每周一大扫除

2015

《华杉讲透〈孙子兵法〉》出版,启动华与华文库系列图书。

战略营销品牌

2019第三版

2019年出版

2019年出版

2019年出版

讲透孙子兵法

2015年简体版

2016年韩文版

2017年繁体版

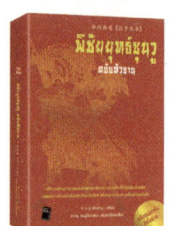
2019年泰文版

讲透儒家经典

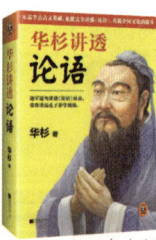
2016年出版

2018年出版

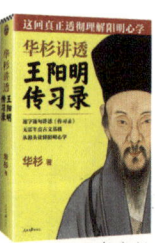
2019年出版

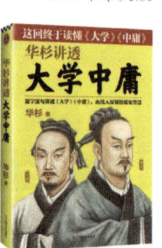
2019年出版

讲透资治通鉴

2019年出版

2019年出版

2020年出版

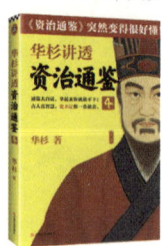
2020年出版

2016

1月,华与华商学院正式成立,华杉任校长,颜艳任教务长。

△ 华与华商学院首次开课

2016

4月,华与华乔迁至开伦江南场创意园区。

△ 开伦江南场乔迁仪式

2018

2月,搬入上海环球港,开启华与华新时代。

△ 环球港楼体霓虹广告:欢迎华与华

2018

4月,首批"华与华文库"专柜入驻上海浦东机场,覆盖航站楼内七大书店。

2019

华与华超级符号品牌课正式对外开课。

△ 4月首期课

△ 10月二期课

12月,华与华第六届百万创意大奖赛首期对外公开竞演。

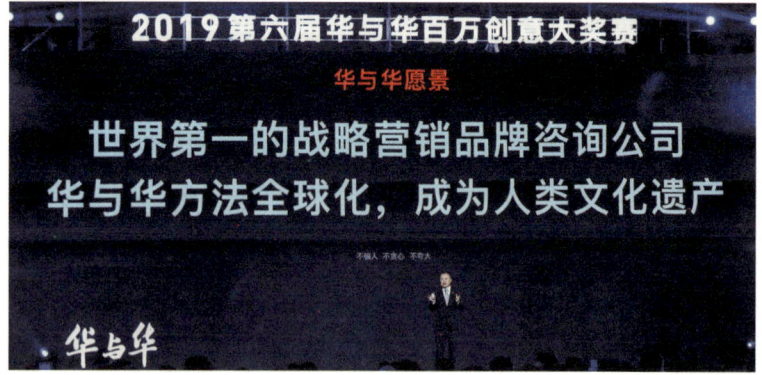

△ 8大参赛案例现场展厅

△ 华杉百万创意大奖现场演讲

△ 上海爱乐乐团现场音乐会

△ 百万创意大奖颁奖典礼

2020

1月,"开放智慧"公司帮助华与华召开"裂变2"会议,凝聚共同愿景,深化裂变长效机制,完善员工发展政策,开启华与华新的十年。

百万创意大奖

2015年1月,西贝项目获首届100万元超级创意大奖。

2016年1月,360项目获第二届100万元超级创意大奖。

2017年1月,六颗星牌长效肥项目获100万元超级创意大奖。

2018年1月,汉庭项目获100万元超级创意大奖。

2019年1月,莆田项目获100万元超级创意大奖。

2019年12月,华与华第六届百万创意大奖赛公演,足力健获百万超级创意大奖。

公司合伙人

华杉：董事长／首席合伙人

华楠：董事／创始合伙人

肖征：总经理／董事合伙人（2010）

颜艳：副总经理／董事合伙人（2012）

贺绩：合伙人（2014）

陈俊：合伙人（2016）

宋雅辉：合伙人（2017）

许永智：合伙人（2019）

二、案例简史

2002

竹林众生和康必得是华与华最早的两个客户,支持华与华度过了第一个半年。

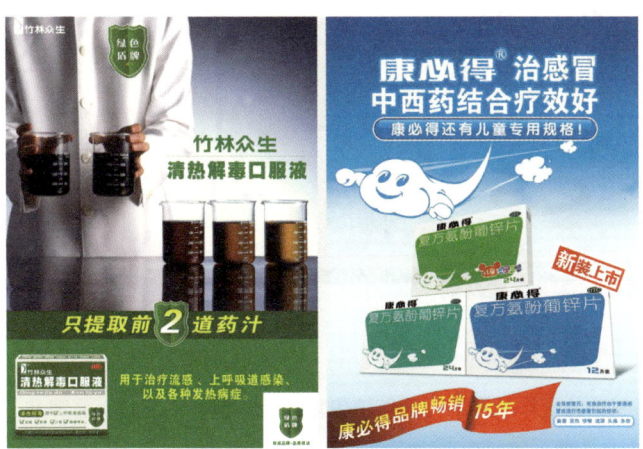

2003

美罗是华与华第三个客户,"胃痛?光荣!肯定是忙工作忙出来的!美罗牌胃痛宁片"。第四个客户是田七牙膏,"拍照大声喊田七!"是品牌寄生,把"田七"寄生到"拍照"的场景;也是"播传",播出去让消费者替我们传。

2004

晨光文具是华与华到上海后的第一个本地客户。

与益佰制药的合作从3000万元年销售额开始,创立"克刻"品牌和"做足100"企业品牌。

2005

三精蓝瓶是华与华代表案例,开启了三精制药品类战略,打造了"蓝瓶"品牌资产。

华与华为辅仁药业设计了"红十字"超级符号系统。

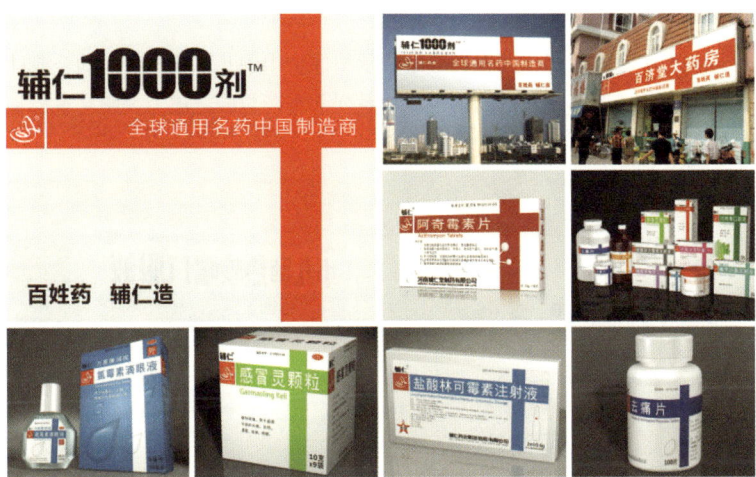

2005年，华与华开始与华夏幸福合作，从固安产业新城、孔雀城到华夏幸福产业新城运营商，华夏幸福成为华与华最大的全案客户之一。

△ 固安航机杂志广告

△ 孔雀城报纸广告

2007

华与华为葵花药业提出儿童药战略，承担保护中国儿童用药安全的企业社会使命，设计了小葵花的品牌角色和系列儿童药包装，成为"所有事都是一件事"的典型案例。

2009

华与华在大农业产业的首次实践,"六颗星牌长效肥,轰它一炮管半年"。

2010

华与华为厨邦酱油创作"绿格子"超级符号和"晒足180天"的品牌谚语,成为"超级符号就是超级创意"的代表案例。

在华与华早期,有大量的电视广告作品,《商业周刊》评选的中国十大广告主,四个是华与华客户:黄金酒、黄金搭档、三精蓝瓶、田七牙膏。华楠作为创意总监,几乎每周都在片场和后期公司制作电视广告。

△ 2012年华楠代言拍摄的华与华电视广告片

△ 拍照大声喊田七

△ 送长辈,黄金酒

△ 三精制药,开创口服液蓝瓶时代

△ 三精清开灵 三效合一

△ 克咳胶囊 专业镇咳大品牌

△ 小葵花妈妈课堂开课啦

△ 六颗星牌长效肥 轰它一炮管半年

△ 视力下降 快用珍视明

△ 厨邦酱油美味鲜 晒足180天

△ 360手机卫士 马上安装 拒绝骚扰

2012

360案例成为华与华战略咨询、产品开发、品牌管理三位一体服务的典型案例。四年时间，孵化新的业务集团——360企业安全集团（现更名"奇安信"），从To C（大众）到To B（企业）和To G（政府）。

2016年 奇虎360 价值版图

习主席参观互联网大会的360展台时说"网络安全很重要，你们要好好干!"

2015年互联网安全大会上的360展台

2013

继厨邦酱油之后，"I ♥ 莜"成为华与华"超级符号就是超级创意"又一明星案例，也是华与华"品牌资产观"的代表案例。

△ 西贝莜面村走进联合国

2014

肯帝亚超级地板,成为华与华方法运用到家装行业的代表案例,为肯帝亚创作"肯帝亚先生"超级符号和"敢说0甲醛,铺好就能搬"的品牌谚语。

2015

莆田餐厅是华与华方法的海外实践,一举撬动莆田全球市场的业绩增长。

为绿源电动车确立"安全"定位,创作盾型及黑白格为绿源品牌的超级符号和超级花边。

2016

成为海底捞的全案策略公司,为海底捞梳理企业战略和品牌战略。创作"Hi"这一超级符号,以及"一起嗨,海底捞"的超级话语,协助海底捞完成品牌形象的全面升级。

华与华为汉庭创造"爱干净,住汉庭"品牌谚语,成为一句超级口号,再造蓝海奇迹,成为用创意引爆战略的代表案例。

2017

为足力健提出"专业老人鞋,认准足力健"的品牌谚语,确立"让每一位老人都穿上专业老人鞋"的使命,设计"老人大步走"的三角超级符号。

为立高设计了超级符号"蓝条纹",开创烘焙B2B大品牌。帮助立高集团整合旗下3家公司、6大业务、21个品牌,实现品牌的全面统一。"烘焙找立高,款款都畅销",驱动立高深化战略转型,开创烘焙事业新纪元。

为斯利安药业制定"保护孕婴健康"的企业战略,创作了类公共符号"孕妇小红人"的超级符号和"有斯利安,怀孕好心安"的品牌谚语。

为先锋创作了"先锋熊"超级角色以及"今年取暖用先锋,全屋热透分分钟"的品牌谚语。

为江小白创作"蓝白格"超级符号,花边战略成为江小白新的品牌资产。

2018

"新东方,老师好!"用品牌谚语引爆企业战略,帮助新东方统一各条业务线,推动建立师资管理和教学质量运营新标准。

为得到创作了代表知识智慧的超级符号"猫头鹰"和品牌谚语"知识就在得到"。

推动傣妹火锅实现品牌经营的巨大突破,品牌全新发展,一年实现21年的老品牌全面焕新,坪效提升151%。

为牛小灶提供全方位营销咨询服务，从企业战略到超级符号、品牌谚语，从门店全面媒体化到餐具设计、门店空间设计，助力牛小灶飞速发展，合作两年，营业额提升200%。

为蜜雪冰城创意了"雪王"符号，一年落地全国7000家门店，全面提升单店营收，帮助蜜雪建立新的品牌资产，加速品牌全球化进程。

通过持续改善，为老娘舅打造高势能门店，实现单店同比增长23%！通过超级符号、品牌谚语、超级角色形象，让一个创办20年的快餐品牌全面升级。

为河北老字号"一亩泉"提供战略营销品牌咨询服务,创作超级口号"先有一亩泉,后有保定府",嫁接地方文化母体,重启千年文化原理。

△ 涌泉方瓶

云集是华与华的第一个电商案例,创造性地将快递盒直接做成品牌超级符号"小云鸡"包装盒,为云集的发展奠定了品牌资产积累的基石。

为绝味设计持续改善VMD(视觉营销)系统,从菜单、门店冷柜、横幅,到陈列改善,单店销量提升18%。

2019

助力洽洽坚果之战：决胜终端，不靠定位靠包装，用一个超级符号统领企业战略、品牌营销、包装设计、广告创意，机关算尽，一次做对，一次做全。

为华莱士重塑品牌，解决消费者缺乏品牌价值感和信任感的问题。"全鸡配汉堡，华莱士吃好"的品牌谚语和有大牌气质的"W鸡"超级符号，是华与华品牌三角两翼模型的典型案例。

味多美与华与华开启合作，除了品牌战略、超级符号、品牌谚语以外，味多美老婆饼，也是把老产品打造成超级爆品的华与华经典案例。